CORRESPONDENTE INTERNACIONAL

CÓPIA NÃO AUTORIZADA É CRIME
ABDR
ASSOCIAÇÃO BRASILEIRA DE DIREITOS REPROGRÁFICOS
RESPEITE O DIREITO AUTORAL

CARLOS EDUARDO LINS DA SILVA

CORRESPONDENTE INTERNACIONAL

Montagem de capa
Gustavo S. Vilas Boas

Diagramação
Euclides Armando dos Santos

Preparação de textos
Lilian Aquino

Revisão
Giacomo Leone

Dados Internacionais de Catalogação na Publicação (CIP)
(Câmara Brasileira do Livro, SP, Brasil)

Silva, Carlos Eduardo Lins da
Correspondente internacional / Carlos Eduardo Lins da Silva. –
São Paulo : Contexto, 2011.

Bibliografia
ISBN 978-85-7244-640-2

1. Correspondentes estrangeiros 2. Jornalismo
3. Repórteres e reportagens - Brasil I. Título.

11-02375 CDD-070.433

Índice para catálogo sistemático:
1. Correspondente internacional : Jornalismo 070.433

2011

EDITORA CONTEXTO
Diretor editorial: *Jaime Pinsky*

Rua Dr. José Elias, 520 – Alto da Lapa
05083-030 – São Paulo – SP
PABX: (11) 3832 5838
contexto@editoracontexto.com.br
www.editoracontexto.com.br

Dedico este livro sobre minha tribo profissional ao meu clã familiar: o pai, Nemércio (em saudosa memória), a mãe, Ruth, o irmão, Marcos Cesar, e o filho, Daniel.

Sumário

Introdução

Neste momento da história humana em que a economia, a política, a ciência e a cultura em cada sociedade dependem, como jamais antes, do que acontece além das fronteiras nacionais e da interdependência entre os países, em todos os aspectos se torna mais evidente e relevante do que nunca a importância do correspondente estrangeiro de grandes meios de comunicação. Assim sendo, esta deveria ser sua era de ouro, tornando-se igualmente ostensiva. Entretanto a realidade não é essa.

A ocupação do jornalista que anda pelo mundo para reportá-lo está entre as mais típicas da era da globalização, ao lado da do executivo de negócios, do diplomata, do cientista, do acadêmico, do artista e do atleta. E, entre esses, o correspondente tem um papel especial, porque seus relatos de diversos países ajudam a formar a consciência do mundo nas pessoas que não viajam muito para o exterior, mas são afetadas pela globalização de qualquer modo.

Assim como os jornais no início do século XIX ajudaram a tornar os habitantes de cidades e vilas membros de uma comunidade nacional (conforme a tese do cientista político Benedict Anderson), os meios de comunicação atuais ajudam a transformar cidadãos nacionais em cidadãos globais, graças, em grande parte, ao trabalho de seus correspondentes internacionais.

No entanto, este também é o período em que veículos tradicionais do jornalismo ocidental enfrentam dilemas estruturais sem precedentes e dificuldades financeiras que constrangem muito sua capacidade de manter repórteres permanentemente em cidades distantes de sua sede para atender a uma demanda do público que é menos intensa do que a existente por informação sobre assuntos nacionais, os quais são cobertos sem as despesas que a correspondência internacional exige.

O início do século XXI, quando a globalização chega ao apogeu, é assim, contraditoriamente, o período em que a necessidade da atuação dessa categoria de jornalista é, em princípio, mais urgente e justificável, mas também em que ela se tem contraído como raramente antes, devido à impossibilidade de as empresas darem conta de seus elevados custos. Esse é um fenômeno verificado não apenas no Brasil, mas em quase todos os países do Ocidente, inclusive os da Europa e os EUA.

Em retrospectiva, pode-se afirmar que a fase áurea do correspondente internacional foram os anos de 1930 a 1960, quando os veículos de comunicação faturavam alto, o interesse do público pelas notícias das guerras – quentes e frias – era intenso, o culto às celebridades de outros países estava em formação e atraía bastante a curiosidade de massas ávidas por imagens e rumores que não eram acessíveis a qualquer pessoa com poucos cliques no computador ou no telefone celular, como agora o são.

Infelizmente para os jornalistas brasileiros, o estágio de evolução da indústria cultural (a jornalística em particular) naquela época ainda era relativamente incipiente; poucos veículos dispunham dos recursos para manter correspondentes no exterior.

Assim, o período de apogeu da correspondência internacional não foi desfrutado com a mesma intensidade no Brasil, onde os melhores momentos dessa atividade vieram com a consolidação da indústria da comunicação (mais ou menos do fim dos anos 1960 até o início da década de 1990), quando, no entanto, algumas das circunstâncias econômicas, materiais, tecnológicas que levaram ao declínio paulatino da correspondência internacional nos países centrais do capitalismo já apareciam e influíam sobre as práticas da indústria em todo o mundo, aqui inclusive.

É desses primeiros tempos que vem a imagem glamorosa e romântica que até hoje marca a figura do correspondente internacional na imaginação coletiva do público. Ele era vivido em filmes de sucesso por astros em situações quase sempre charmosas e atraentes (no aspecto pessoal) e decisivas e arriscadas (do ponto de vista político). Alguns correspondentes já haviam se tornado pessoas famosas antes de 1930, tanto nos países para onde escreviam quanto nos em que atuavam. Mas isso foi muito mais frequente nas três décadas seguintes.

A simples enumeração de nomes de pessoas que exerceram a atividade profissional ou amadoristicamente já é suficiente para levar seus praticantes às raias da glorificação: de Benjamin Franklin a Winston Churchill, de Jack London a Georges Clemenceau, de Rubem Braga a Paulo Francis, grandes escritores, políticos, diplomatas foram correspondentes estrangeiros em algum momento de suas vidas e em diversas fases da história e ajudaram a criar a mitologia de que muitos praticantes inexpressivos dessa atividade se nutrem para se encher de grandeza e suposta importância.

A prática do jornalismo no exterior, de fato, amplifica as características e os problemas da profissão, e, por isso, entre outras razões, ela merece atenção e estudo, que, paradoxalmente, são raros na literatura específica. A correspondência internacional é a mais cara de todas as funções de jornalista. A que dá mais dificuldades para os editores (porque estes estão distantes do local dos fatos e não conseguem exercer o mesmo tipo de controle que têm sobre os repórteres locais) e exige de quem se propõe a praticá-la traços de personalidade e formação intelectual nem sempre necessários em coberturas em seu próprio país.

Ele (ou ela) precisa dominar perfeitamente pelo menos outra língua além da materna, por exemplo. E tem de compreender a fundo o sistema político, econômico, social e cultural tanto da nação que o hospeda quanto da sua. Diferentemente do que ocorre na sede do seu veículo, onde em geral o jornalista se especializa numa só área e a ela se atém pelo menos por algum tempo, o correspondente internacional quase sempre trabalha sozinho e tem de fazer e saber de tudo.

Fui correspondente estrangeiro três vezes, em situações bem distintas entre si, sempre nos EUA. Na década de 1970, enquanto estudava para obter um título de mestrado na Michigan State University, trabalhei para os jornais *Diário de S. Paulo* e *Diário da Noite*, do grupo Diários Associados. Nos anos 1980, quando fazia um trabalho de pesquisa no Woodrow Wilson International Center for Scholars, em Washington, para a *Folha de S.Paulo*. E, ao longo de quase toda a década de 1990, fui o correspondente sênior da *Folha* em Washington, de onde também mandava despachos para a seção brasileira da BBC de Londres. Exerci ainda, dezenas de vezes, fora do Brasil, a função de enviado especial, a qual Clóvis Rossi, um dos grandes correspondentes brasileiros de todos os tempos, chama de "primo-irmão do correspondente".

Samuel Rachlin, que foi correspondente da TV2 da Dinamarca em Washington na mesma época que eu, dizia (e chegou a publicar essa opinião nada modesta na revista acadêmica *Nieman Reports* na edição do outono de 2006) que "os melhores e mais brilhantes vão para os EUA". Rachlin poderia ser mais comedido diante da realidade. Nem todos os colegas com quem convivi poderiam ser descritos como "melhores e mais brilhantes" (certamente nem mesmo eu). Mas ele está certo quando afirma que, "para um jornalista, a América é uma terra de oportunidades infinitas".

Muitos profissionais puderam comprovar a veracidade dessa afirmação. Em 1999, havia cerca de duas mil pessoas de 98 países que se classificavam como correspondentes de veículos jornalísticos nos EUA. Mas menos de 500 se encaixavam na definição de correspondente internacional que será usada neste livro e que será explicada mais adiante. Eu conheci centenas de pessoas que foram correspondentes nos EUA. Não me lembro de nenhuma que não tenha expressado opinião similar à de Rachlin, mesmo quando faziam severas críticas ao sistema político e econômico do país.

Naqueles anos nos EUA, cobri desde eventos diplomáticos históricos (como o encontro de Yasser Arafat com Yitzhak Rabin mediado por Bill Clinton na Casa Branca) a crimes hediondos (como o caso O. J. Simpson), entrevistei grandes intelectuais, como Jorge Luis Borges e Carlos Fuentes, e vítimas de pequenas grandes tragédias, como os pais de uma brasileira morta em acidente de trânsito em Washington provocado por um diplomata georgiano embriagado. Escrevi sobre negociações de acordos comerciais, jogos de copa do mundo de futebol, artistas de cinema, grupos de rock, exposições de artes plásticas, descoberta de planetas, eleições presidenciais, visitas de prefeitos, governadores e presidentes brasileiros a Washington. Entrevistei mais ou menos 60 chefes de Estado ou governo.

A lista de tarefas que cumpri é imensa e muito diversificada. Mas nunca fiz o gênero mais popular do correspondente e do enviado especial: a cobertura de guerra. O mais perto de que cheguei de um conflito armado foi na Semana Santa em 1987, em frente a um quartel em Buenos Aires tomado por militares (os "caras pintadas") que se haviam rebelado contra o governo civil de Raúl Alfonsín; houve uma troca de tiros entre as tropas leais ao regime e os amotinados no quartel, que presenciei por trás dos soldados legalistas.

Não lamento que meu currículo contenha essa omissão. Não tenho em minha personalidade as muitas qualidades que caracterizam a do correspondente de guerra típico (destemor físico, tolerância ao risco de ferimento grave, arrojo, gosto por descarga de altas doses de adrenalina).

É claro que nem tudo que fiz foi feito com muito prazer nem com grande competência. Ao contrário do que a maioria das pessoas possa supor, esse trabalho aparentemente sem rotina também se transforma numa rotina, que pode ser massacrante, já que o correspondente estrangeiro não tem tema fixo nem descanso e até mesmo um furacão se torna algo conhecido depois do terceiro ou quarto, que dirá uma reunião de cúpula presidencial.

Os fatos ocorrem 24 horas por dia, 7 dias por semana e 365 dias por ano. Não foram poucas as vezes em que fui acordado de madrugada por um editor porque alguma coisa havia acontecido e era preciso obter informação imediata (da queda de um avião com um empresário brasileiro supostamente a bordo à morte de um cantor de dupla sertaneja num hospital nas imediações de Washington).

Lembro-me de um colega, nos tempos em que estar ligado no mundo não era tão simples como é agora – com telefones inteligentes e computadores cada vez menores –, que passava todo o tempo que estava acordado se informando: despertava com o rádio sintonizado no noticiário, tomava banho ouvindo um transistor dentro do chuveiro e café da manhã com a TV em frente a ele, ia para o escritório com o rádio do carro sempre nas emissoras só de jornalismo, trabalhava o tempo todo com a CNN à sua frente e fazia o trajeto todo ao inverso nas mesmas condições para dormir, com o locutor ainda lhe contando o que acontecia.

Passei muitas horas sob neve, chuva, sol ou luar na porta da embaixada brasileira, por exemplo, à espera da saída de Lady Di para as compras (quando estava muito frio, a embaixatriz Lúcia Flecha de Lima fazia a gentileza de pedir ao garçom que nos levasse café e pão de queijo), ou mesmo na frente da sede do FMI (antes de 11 de setembro de 2001; depois, isso se tornou impossível), no aguardo de um dos muitos ministros da Fazenda que negociaram a dívida externa brasileira (ou, às vezes, do secretário do Tesouro americano, que era a sua contraparte, como James Baker III, com quem cometi a façanha imprudente de entrar ao mesmo tempo que ele em sua limusine para que completasse uma resposta deixada pela metade).

Pode parecer emocionante, mas com frequência era simplesmente uma chatice insuportável e irritante, especialmente quando os anos de vida já vinham se acumulando um pouco demais da conta e deixavam sua presença clara por meio de dores constantes nas articulações. De vez em quando, ali, em pé, sujeito às intempéries, via passar um ônibus escolar e pensava o que meu filho pensaria de mim se me visse ali naquela situação.

Este não é um livro de memórias de um jornalista veterano. Algumas serão eventualmente usadas para ilustrar teses mais gerais que pretendo desenvolver sobre a história, as tipicidades, a relevância, as exigências do trabalho do correspondente internacional no mundo e no Brasil. Casos de colegas brasileiros ou estrangeiros com quem convivi, ou a respeito de quem li ou ouvi também serão contados para corroborar ou contestar hipóteses gerais sobre o tema.

Ao relatá-los, me esforçarei ao máximo para ser fiel às lembranças que tenho dos fatos (na maior parte das vezes, não disponho de registros para comprová-los), para ser discreto quando envolverem outras pessoas e para não incorrer no horrível vício do cabotinismo (autoelogio), comum entre correspondentes internacionais e jornalistas em geral.

Também para ajudar o leitor a compreender essa dinâmica, vou me deter mais longamente em dois casos paradigmáticos da história dos correspondentes: os de John Reed, que cobriu a formação da União Soviética, e de William Schirer, que testemunhou o nascimento do Terceiro Reich. Escolhi esses dois ícones do jornalismo porque eles ajudaram a formar na consciência coletiva de muitos países, inclusive no Brasil, as opiniões sobre dois dos mais importantes fenômenos políticos da história mundial.

Nos anos 1930 e 1940, parte da era áurea da correspondência internacional, muitas pessoas engajadas em política achavam que só tinham diante de si duas alternativas: o nazismo, para conquistar o mundo, ou o comunismo, para salvá-lo. Reed e Schirer contribuíram para essas atitudes se formarem. E foram grandes correspondentes, cada um a seu modo e com o seu estilo, que merecem ser conhecidos.

Além de livros e artigos, também vou recorrer a alguns filmes famosos que tiveram correspondentes internacionais como seus personagens principais, indo de *Correspondente internacional*, de Alfred Hitchcock, 1940, até *O preço da coragem*, de Michal Winterbottom, 2007.

A representação cinematográfica do correspondente internacional tem muito a ver com a imagem romântica que se tem da função. Cary Grant, Clark Gable, Errol Flynn, Gregory Peck, Humphrey Bogart, James Stewart, Spencer Tracy foram alguns dos galãs que os viveram nas telas, onde eram pares de estrelas como Claudette Colbert, Deborah Kerr, Ginger Rogers, Hedy Lammar, Joan Crawford, Lana Turner. Quem não acharia o máximo ser correspondente internacional quando se retratava esse tipo de gente?

Correspondente internacional vai ser aqui considerado como o jornalista sediado em um país que não o seu de origem com a missão remunerada de reportar fatos e características dessa sociedade em que vive para uma audiência da sua nação materna por meio de um veículo de comunicação. O enviado especial, embora faça quase exatamente isso, em geral, viaja por períodos curtos e com a missão de cobrir um evento específico e, assim, não se enquadra como correspondente internacional. Já o correspondente de guerra entra na categoria porque, apesar de cobrir um evento específico, permanece em campo, em geral, por períodos longos.

Vou navegar em águas quase inóspitas. Não é muito grande, nem no exterior nem muito menos no Brasil, a literatura teórica sobre o correspondente internacional e sua prática. Quase tudo o que foi publicado sobre eles pertence ao gênero memorialista, em especial autobiográfico, em que fatos são descritos de maneira geralmente hiperbólica, idiossincrática e pouco documentada. Fora isso, há algumas tentativas historiográficas bem-sucedidas, como *Foreign Correspondence*, de John Hohenberg, editado em 1995, mas em geral limitadas ao jornalismo americano e também acometidas de enfoque apologético da categoria, sempre heroica, intrépida, corajosa.

Uma das raras exceções, recente por sinal, é *Journalism's Roving Eye: A History of American Foreign Reporting*, de John Maxwell Hamilton, editado em 2009. Como o subtítulo indica, trata-se também basicamente de uma História dos correspondentes internacionais que trabalharam para veículos jornalísticos americanos.

Mas como seu autor, que foi correspondente por alguns anos, tendo trabalhado para a rede ABC de televisão e para o jornal *Christian Science Monitor*, depois enveredou para o mundo acadêmico e agora é professor na universidade que publicou seu trabalho, o livro – de 656 páginas – vai além de um simples relato histórico e traz valiosas conclusões a respeito da natureza e do caráter dessa função, algumas das quais serão citadas ao longo deste texto, além de olhar o correspondente com uma visão crítica, em geral ausente nos outros livros a respeito do assunto.

Foreign News: Exploring the World of Foreign Correspondents, de Ulf Hannerz, de 2004, é um excelente trabalho, que resulta de mais de cem entrevistas feitas pelo autor, um antropólogo sueco, com correspondentes de diversas nacionalidades, para comparar o método que usam para apreender a realidade com o método antropológico.

Hannerz conclui que antropólogos e correspondentes podem aprender muito uns com os outros no processo em que estão igualmente engajados de "produzir e organizar fluxos de cultura, os significados que as pessoas criam e que criam pessoas, e formas de externá-los, pelos quais eles se tornam públicos". Ele traz valiosas considerações sobre o trabalho do correspondente, mas é um estudo feito a partir do olhar de alguém de fora da atividade e centrado na epistemologia e na produção do jornalista, enquanto aqui se trata de um jornalista falando da sua própria função e da de seus colegas, com um enfoque mais profissional e prático do que teórico.

Outro livro relevante para esse assunto, mais antigo (1996) e resultado de uma pesquisa original feita pelo autor entre centenas de correspondentes internacionais em 1992, é *International News & Foreign Correspondents*, de Stephen Hess, cientista político da Brookings Institution, com larga experiência como assessor de administrações federais nos EUA.

Ele faz uma espécie de cartografia demográfica da categoria, que está provavelmente desatualizada, tantos anos depois da coleta dos dados, mas que pode servir como material para reflexão e confronto, ainda que não metódico, com a realidade atual.

Hess, que atualmente é professor na School of Media and Public Affairs da George Washington University, em Washington, escreveu e publicou em 2005 outro livro interessantíssimo sobre o tema, que foca os correspondentes estrangeiros que trabalham nos EUA, intitulado *Through Their Eyes: Foreign Correspondents in the United States*, para o qual entrevistou 146 correspondentes internacionais sediados em Washington nos anos 1990, dentre os quais, eu mesmo.

No Brasil, alguns trabalhos acadêmicos têm sido realizados sobre o assunto em cursos de pós-graduação, mas poucos por enquanto chegaram ao público. Portanto, é difícil avaliar sua qualidade e a relevância de sua contribuição para a compreensão do tema.

Embora não se concentre especificamente no correspondente, João Batista Natali, em *Jornalismo internacional*, livro que faz parte da Coleção Comunicação da Editora Contexto, trata bem desse profissional em algumas de suas páginas, inclusive ao relatar o curioso episódio em que dois correspondentes internacionais de um mesmo veículo (a *Folha de S.Paulo*), ambos já famosos e personalidades muito fortes (Paulo Francis em Nova York e Cláudio Abramo em Paris) discordaram radicalmente em seus despachos publicados sobre o possível desfecho de uma grave crise diplomática (entre Reino Unido e Argentina, no litígio das Malvinas, em 1982).

A Associação dos Correspondentes Estrangeiros, para comemorar seus 30 anos no Brasil, publicou, em 2008, *O Brasil dos correspondentes*, organizado por Jan Rocha, Thomas Milz e Verónica Goyzueta, que – embora não tenha como propósito analisar a função, mas oferecer diversos relatos do Brasil feitos por correspondentes que trabalharam aqui – também traz uma contribuição interessante para essa temática.

De modo geral, os livros sobre correspondentes internacionais são relatos autobiográficos ou coletâneas de reportagens. Muitos jornalistas, inclusive brasileiros, animaram-se a contar suas aventuras, mas quase nunca com ambições mais generalizantes.

Todos, certamente, contêm informações, ideias, observações que, juntadas e analisadas, podem render uma excelente teoria sobre o correspondente internacional, mas que, por enquanto, estão dispersas nesses vários volumes à espera de quem se disponha a integrá-las criticamente.

A bibliografia é mais significativa no que se refere à especialidade mais celebrada da correspondência internacional, que é a cobertura de guerra. Tanto no gênero dos depoimentos pessoais quanto no da teorização, embora esse também seja muito mais restrito do que aquele.

Há um clássico, *A Primeira Vítima*, de Philip Knightley, e diversos outros bons trabalhos sobre esse tema específico, como *Jornalismo e Desinformação*, de Leão Serva, que, como o já citado Hamilton, também é um jornalista que, em algum ponto da vida, enveredou pelos caminhos da academia e, por isso, resolveu tentar ir além de apenas contar o que viu e viveu.

Entre os livros de depoimentos pessoais e antologias de reportagens nesse gênero, devem ser citados – sem demérito para outros – entre os brasileiros *O gosto da guerra*, de José Hamilton Ribeiro; *Diário de Bagdá*, de Sérgio Dávila e Juca Varella; e *Crônicas da guerra na Itália*, de Rubem Braga.

Entre os estrangeiros, *Minha Mocidade*, de Winston Churchill; *Tempo de morrer*, de Ernest Hemingway; e *Ao vivo do campo de batalha*, de Peter

Arnett, todos há muito tempo fora de catálogo e provavelmente esgotados, lacuna que alguma editora deveria tentar preencher.

Outro assunto correlato aos correspondentes que tem merecido atenção é o da relação entre os meios de comunicação e a prática da política e das relações internacionais.

Mesmo no Brasil, onde os cursos de relações internacionais têm tido grande crescimento nos últimos 20 anos, começam a surgir bons trabalhos sobre essa temática, mas que fogem do foco de interesse a que se propõe este volume, que é o de comentar a função de correspondente internacional e as características de personalidade de quem a desempenha.

Há, portanto, um quê de ineditismo nos propósitos deste trabalho, mas de modo algum a pretensão de que ele venha a ser definitivo. E pode ajudar estudantes e profissionais que sonham em se aventurar por terras estrangeiras.

Ulf Hannerz, na introdução de seu livro já mencionado, disse que os correspondentes que ele estudou constituíam "uma tribo muito especial", o que a diferenciava dos objetos de estudo tradicionais dos antropólogos como ele próprio. Hannerz citou um estudo de Laura Nader, de 1972, em que sua colega americana dizia que os antropólogos só se dedicavam a estudar grupos de pessoas menos poderosas e prósperas que eles mesmos (e concluía que, portanto, os antropólogos sempre "*studied down*"), enquanto Hannerz, ao analisar os correspondentes, poderia estar "*studying up*". Neste livro, o que se pretende, como Hannerz também disse ter tentado com os correspondentes, é "*study sideways*". Ou seja, trata-se de um membro da tribo que tenta analisar o que ele mesmo e seus colegas fazem ao produzir relatos do mundo para se sustentar.

Quero registrar meus agradecimentos à *Folha de S.Paulo*, que me autorizou a usar parte do meu tempo no período de quarentena ligada à função de *ombudsman* do jornal (que exerci entre 2008 e 2010) para redigir estes originais, de modo a saldar uma dívida de cinco anos que tinha com Luciana e Jaime Pinsky, da Editora Contexto, com quem eu havia me comprometido a escrever um livro sobre correspondente internacional, que só fui capaz de fazer agora. Também à *Folha* eu devo a oportunidade de meus mais longos períodos como correspondente e enviado especial a outros países, que foram extremamente ricos profissional e intelectualmente para mim.

Sinto-me também no dever de agradecer aos que viveram comigo na casa que foi por muito tempo também o meu local de trabalho em Washington: Maria Cecília de Sá Porto, Lavinia Porto Silvares, Natália Porto Silvares, Daniel Porto Lins da Silva, que aturaram mau-humor e nervosismo provocados por prazos curtos e tarefas longas, e a Sargent Pepper of Chevy Chase, meu querido Pepinho, *golden retriever* que me garantiu carinhosa e agradável companhia em muitas manhãs, tardes, noites e madrugadas de trabalho em dias úteis, domingos e feriados sem nunca reclamar de nada.

Sob o risco de cair em esquecimentos constrangedores (pelos quais me desculpo desde já e que, asseguro, não terão sido intencionais), já que foram tantos com quem aprendi pelo menos parte do que aqui transcrevo, quero também registrar sinceros agradecimentos a todos os colegas correspondentes com quem convivi nesses anos de jornalismo, na condição de colega ou ex-colega correspondente, editor ou amigo. Entre eles, estão:

Agostino de la Porta (em memória)
Alcides Ferreira
Alcino Leite Neto
Américo Martins
Ana Astiz
Ana Barón
Ana Maria Bahiana
André Barcinski
André Lahoz
André Soliani
André Vieira
Andrea Fornes
Andrew Greenless
Antonio Carlos Seidl
Araújo Netto (em memória)
Argemiro Ferreira
Ariel Palácios
Armando Ourique
Artur Ribeiro Neto (em memória)
Assis Moreira
Bernardo Carvalho
Bob Fernandes
Caio Blinder
Caio Túlio Costa
Carlos Castilho
Carlos Dornelles
Carlos Fino
Celso Pinto
Chris Del Boni

Claudia Trevisan
Claudio Abramo (em memória)
Claudio Lessa
Claudio Tognolli
Clóvis Rossi
Cristiano Romero
Daniel Rittner
Daniela Chiaretti
Daniela Falcão
Daniela Rocha
Denise Crispim Marin
Domingos Mascarenhas
Elio Gaspari
Elvis Bonassi
Emanuel Néri
Ernesto Yoshida
Eurípides Alcântara
Fernanda Godoy
Fernanda Scalzo
Fernando Canzian
Fernando Gabeira
Fernando Rodrigues
Fernando Rossetti
Flávia de Leon
Flavia Sekles
Fritz Utzeri
Frota Neto
Gilberto Dimenstein
Getulio Bittencourt (em memória)
Graça Magalhães
Haroldo Castro
Hélio Alvarez
Heloísa Vilela
Henrique Kraus
Hermano Henning
Herbert Henning
Humberto Saccomandi
Igor Gielow
Ilze Scamparini
Jaime Spitzcovsky
Jair Rattner
Janaína Figueiredo
Janes Rocha
João Carlos Assumpção
José Arbex Jr.
José Meirelles Passos
José Pepe Carreño
Julio Crespo
Kennedy Alencar
Leão Serva
Lourival Sant'Anna
Lucas Mendes
Lúcia Guimarães
Luis Antonio Ryff
Luiz Carlos Azenha
Luiz Carlos Novaes
Luiz Fernando Silva Pinto
Luiz Recena
Marcelo Mendonça
Marcelo Starobinas
Marcos Strecker
Marcia Carmo
Maria Ester Martinho
Maria Helena Tachinardi
Marilena Chiarelli
Marc Margolis
Marcio Aith
Marcelo Leite
Marco Chiaretti
Marcos Augusto Gonçalves

Maria Luisa Abbott
Marina Moraes
Mario Andrada e Silva
Matinas Suzuki Junior
Matthew Shirts
Marcela Sanchez
Marcelo Calliari
Mauricio Stycer
Mauro Santayana
Maya Santana
Melchiades Duarte
Michael Reid
Milton Blay
Milton Coelho da Graça
Moisés Rabinovicci
Nelson de Sá
Noeli Russo
Norma Couri
Oscar Pilagallo
Osmar Freitas Jr.
Osvaldo Peralva (em memória)
Otavio Dias
Pamela Constable
Paulo Braga
Paulo Henrique Amorim
Paulo Francis (em memória)
Paulo Moreira Leite
Paulo Sotero
Paulo Totti
Paulo Zero
Pedro Del Picchia
Pepe Escobar
Peter Braestrup
Raul Juste Lores
Reali Júnior (em memória)
Renata Lo Prete
Ricardo Anderáos
Ricardo Balthazar
Ricardo Grimbaum
Ricardo Kotscho
Richard House
Roberto Garcia
Roberto Cabrini
Rogerio Ferreira
Rogério Simões
Rosental Calmon Alves
Selma Santa Cruz
Sérgio Dávila
Sérgio Malbergier
Sérgio Mota Mello
Silio Boccanera
Silvia Bittencourt
Silvio Ferraz
Silvio Giannini
Sylvia Colombo
Sonia Bridi
Sonia Nolasco
Tad Szulc
Tatiana Bautzer
Teodomiro Braga
Tereza Rangel
Todd Benson
Vanessa Adachi
Verónica Goyzueta
Vitor Paolozzi
Warren Hoge
William Waack
Wilson Silveira
Wladir Dupont
Zeca Camargo

Agradeço a esses 170 membros da tribo dos correspondentes (mais aos que sem querer eu possa ter omitido), que dividiram comigo a passagem por este mundo entre 1985 e 2005 no trabalho de mandar para seu país notícias e informações de outros países e, assim, provendo seu público com contexto de utilidade sobre eventos distantes, ajudando-o a compreender melhor o mundo.

Carlos Eduardo Lins da Silva

Breve histórico e perfil

O jornal *Chicago Tribune* era um dos mais importantes dos EUA no início do século XX. Em 1928, ele publicou uma enciclopédia sobre jornalismo para os seus leitores. O modo como foi redigido o verbete que tratava do trabalho do correspondente no exterior é uma boa amostra do fascínio que essa função exercia sobre o público e mesmo sobre os próprios praticantes do ofício.

O verbete dizia: "Se neste negócio de publicar diariamente um grande jornal ainda há algo da aura de romance que um dia esteve ligada a todos os jornais e a todos os jornalistas, são os correspondentes internacionais que a sustentam, em sua maior parte".

Publicar notícias sobre outros países sempre foi associado a prestígio para o veículo jornalístico que as divulgasse, especialmente nas Américas, onde manter ligação com a metrópole nos tempos da colonização ou com a Europa depois das independências foi, por muito tempo, sinal de sofisticação de espírito e de importância política.

Os precursores dos correspondentes estrangeiros, quando o jornalismo era pouco ou nada profissional, foram pessoas que mandavam do exterior relatos pessoais, episódicos ou sistemáticos, para publicação em jornais que pertenciam ou a eles mesmos ou a seus amigos, parentes ou partidários políticos. Em quase todo o mundo, a imprensa no século XVIII e ainda no começo do século XIX era marcantemente política. Raramente os jornais funcionavam como um negócio, uma forma de ganhar dinheiro; eram quase sempre porta-vozes de ideais ou partidos políticos, feitos para proselitismo.

PRIMÓRDIOS

Na Europa, pela proximidade entre os países e por lá estarem, na época, os principais centros de poder, economia e cultura do mundo, além dos primeiros jornais que começavam a operar de modo mais profissional e lucrativo, os correspondentes não amadores apareceram ali antes do que nas Américas.

O primeiro foi possivelmente James Perry, do *Morning Chronicle*, de Londres, que – segundo a *Cambridge History of English and American Literatures* – era o mais famoso jornal inglês de sua época. Entre seus colaboradores fixos estavam Thomas Moore e David Ricardo. Perry, que trabalhava para um competidor, comprou o jornal com o auxílio do duque de Norfolk em 1789 e permaneceu dois anos em Paris (1791 e 1792) para mandar despachos sobre os acontecimentos ligados à Revolução Francesa. Mas Perry era o dono do jornal, não um contratado por ele.

Outro candidato à primazia é Henry Crabb Robinson, um advogado a quem o dono do *Times* de Londres, já à época o mais influente jornal britânico, mandou ao continente europeu para acompanhar as guerras napoleônicas. Mas Robinson não era um repórter. Era mais um observador e comentarista dos fatos, que escrevia sem regularidade nem compromisso com as notícias.

Os correspondentes internacionais passaram a proliferar na Europa a partir de 1835, quando foi fundada a primeira agência de notícias, em Paris, a Havas, que depois se tornaria a France-Presse. Dois funcionários da Havas depois formariam a Reuters na Inglaterra e a Wolff (atual DPA) na Alemanha. As principais notícias das agências no seu princípio eram econômicas e sobre conflitos armados.

Os acontecimentos políticos na Europa daquela época tinham importância para a imprensa do Brasil, dos EUA e provavelmente da América hispânica por servirem como referência para as contendas políticas e ideológicas do Novo Mundo. Assim, havia interesse dos jornais locais pela Primavera dos Povos, a Comuna de Paris e outros eventos momentosos da época que eram usados pelos jornalistas como pontos de argumentação para os seus embates aqui.

O mundo dos negócios também despertava o interesse das pessoas que liam jornais nas Américas. Elas procuravam informações sobre as tendências econômicas nos centros mundiais, sobre o preço das *commodities* e sobre as inovações tecnológicas. Os jornais se valiam também nesse caso de relatos escritos gratuitamente por quem tivesse algum interesse (ou diletantismo) de ver essas informações disseminadas.

No Brasil e nos EUA, o interesse por notícias do exterior aumentou muito ao longo do século XIX com a chegada de grandes contingentes de imigrantes vindos de diversos países. Embora vários periódicos tenham sido criados naquela época para atender aos interesses dessas comunidades, eles também eram quase todos amadorísticos.

Princípio no Brasil

A historiografia do jornalismo brasileiro é escassa e com frequência de má qualidade. Com base nela, é muito difícil afirmar com certeza quem foi o primeiro jornalista enviado especial ao exterior ou o primeiro correspondente da imprensa do Brasil.

Na *História da imprensa no Brasil*, Nelson Werneck Sodré afirma que a revista *Semana Ilustrada* mandou três colaboradores para cobrir a Guerra do Paraguai, o que teria feito deles os inauguradores do gênero. Mas, de fato, eles eram militares em ação que por terem pendores literários, mandavam artigos para a publicação.

Era prática comum de jornais e revistas do Brasil, da Argentina e do Uruguai se valerem desse estratagema em guerras em que seus países estavam envolvidos: amigos dos donos ou dos editores que estavam nas operações de combate enviavam textos para serem publicados ou para servirem de base para jornalistas na sede escreverem a respeito dos combates. Quase sempre eram panfletários a favor de seu país e frequentemente tinham erros ou até invenções de fatos.

Adriana Kuhn, da PUC-RS, afirma, sem muitos detalhes, na monografia *A história dos correspondentes brasileiros de guerra e sua relação com o poder estatal e militar*, que Izidoro P. de Oliveira, personagem importante da imprensa gaúcha por ter fundado diversos jornais em Pelotas e Bagé, cobriu a Guerra do Paraguai (1864-1870) para vários deles. Mas não há comprovação de que ele o tenha feito de modo sistemático, remunerado e com o espírito de repórter que caracteriza o correspondente.

Anna Carolina Coelho, da Universidade Federal do Pará, em sua dissertação de mestrado intitulada *Santa-Anna Nery, um propagandista "voluntário" da Amazônia*, diz que o Barão de Santa-Anna Nery, famoso intelectual paraense, atuou como correspondente do *Jornal do Comércio* em Paris, em 1871, e, ao retornar ao Brasil, de diversos jornais europeus. Mas também em seu caso é improvável que suas atividades tenham tido os traços de profissionalismo que definem a atividade.

Alberto Dines, um dos mais importantes estudiosos do jornalismo do Brasil, defende a tese de que Rui Barbosa foi um precursor do correspondente internacional com o trabalho que realizou quando estava exilado em Londres e mandava artigos para o *Jornal do Comércio* – um deles sobre o caso Dreyfus.

Essa quase reportagem de Rui Barbosa foi republicada em 1994 em livro com o título *O Processo do Capitão Dreyfus (Cartas de Inglaterra).* Na apresentação que escreveu para esse volume, Alberto Dines recorda que Theodor Herzl, o pai do sionismo político, cobriu o episódio como correspondente do jornal vienense *New Freie Presse.*

João do Rio e Chatô

Provavelmente, o primeiro correspondente internacional do Brasil, nos termos pelos quais a função é aqui definida (trabalho remunerado e estável), foi o célebre João do Rio, pseudônimo jornalístico de João Paulo Alberto Coelho Barreto. Em 1918, segundo Patrícia de Castro Souza, em sua dissertação de mestrado sobre o jornalista para a Universidade Federal de Santa Maria, o jornal *O País* o enviou para cobrir a Conferência do Armistício da Primeira Grande Guerra em Versalhes (França) e João do Rio escreveu regularmente da Europa por oito meses.

O País, que teve Quintino Bocaiúva como redator-chefe por muitos anos, era um jornal que defendia os ideais republicanos no final do Império e se tornou um diário protegido pelo novo regime até encerrar atividades em 1930, quando sua sede foi empastelada pelos simpatizantes da revolução liderada por Getúlio Vargas.

Pouco depois de João do Rio, outro grande personagem do jornalismo brasileiro também foi mandado à Europa para escrever, de forma remunerada, para um jornal: Assis Chateaubriand.

Como relata Fernando Morais na sua biografia *Chatô: o rei do Brasil*:

> Não passava pela cabeça da maioria dos donos de jornais, na imprensa brasileira do começo do século [XX], gastar dinheiro mandando repórteres fazer coberturas fora do país. Na verdade, nem fora de seus estados. O comum era os próprios patrões – ou seus amigos e parentes com pendores para as letras – aproveitarem viagens de turismo e recreio ao exterior para, na volta, publicar suas impressões nos diários.

Assim, conta Morais, Chateaubriand recebeu com espanto o convite feito por Edmundo Bittencourt, o dono do *Correio da Manhã* – um já importante diário –, em 1919: passar um ano na Alemanha escrevendo sobre os vencidos na Primeira Guerra Mundial.

"Reconheço que o salário não é grande coisa, mas será suficiente para você se manter com dignidade", teria dito Bittencourt ao jornalista, escolhido para a tarefa, segundo o patrão, por ser o melhor: "Eu não poderia mandar nessa missão um jornalista médio ou um sofrível".

João do Rio e Assis Chateaubriand foram, assim, provavelmente, os dois primeiros correspondentes internacionais brasileiros, embora ambos por um período curto (de aproximadamente oito meses, já que Chateaubriand se demitiu antes de completar o período combinado de um ano, ofendendo-se com uma brincadeira publicada sobre ele no seu próprio jornal e pela qual quis, sem êxito, que o responsável fosse punido).

É curioso que os dois pioneiros da correspondência estrangeira no Brasil tenham sido inimigos. João do Rio acusava Chatô de ser agente a soldo de Berlim; Chateaubriand, que nunca negara suas simpatias pela Alemanha durante a Primeira Guerra, mandou uma cascavel viva para João do Rio numa caixa de chapéu embrulhada para presente.

Foi um começo não muito auspicioso para as boas relações entre correspondentes no Brasil. Como egos costumam ser bastante inchados entre jornalistas, em especial correspondentes, não é nada surpreendente que às vezes eles se choquem, como se verá, até mesmo entre colegas de mesmo veículo, ocasionalmente chegando a "vias de fato", como se testemunhou na sala de imprensa da "Rio-92", a conferência mundial sobre o meio ambiente.

O PATRONO

Embora possa ter havido algum predecessor menos conhecido em algum veículo da Europa ou das Américas, o patrono do correspondente estrangeiro profissional (remunerado especificamente para mandar notícias de outros países e mantido no exterior para fazer isso) é George Washburn Smalley, do *New York Tribune*, que assumiu essa condição 50 anos antes de João do Rio e Chateaubriand.

Diferentemente dos colegas europeus que trabalhavam para agências de notícias, ele iria escrever exclusivamente para um só veículo, o que constituía uma relação única com uma audiência específica, característica importante para o trabalho de correspondente.

Diversamente de alguns jornalistas que ficaram célebres antes dele por trabalhar no exterior – como os pioneiros dos correspondentes de guerra, entre os quais George Wilkins Kendall (que em 1845 cobriu a Guerra do México para o *Picayune*, de Nova Orleans) e William Howard Russell (em 1854, o *The Times* o mandou para cobrir a Guerra da Crimeia) –, Smalley não tinha de tratar de um só assunto nem tinha sua permanência fora de seu país delimitada por um acontecimento isolado.

Em 11 de maio de 1867, o *Tribune* noticiou que ele embarcaria naquela manhã para ser o *foreign commissioner* em Londres. Smalley tinha uma sólida carreira no jornal: havia coberto a Guerra da Secessão nos EUA e a Guerra Austro-Prussiana, quando obteve a façanha de conseguir uma rara entrevista exclusiva com o chanceler prussiano Otto von Bismark, o que o tornou uma celebridade nacional e lhe deu condições para pedir a oportunidade de residir na Inglaterra em caráter permanente e a serviço do jornal.

Fundado em 1841, o *Tribune* tinha uma proposta editorial de fugir das fórmulas do sensacionalismo hegemônicas e de tentar ser menos partidário do que os concorrentes. Entre seus colaboradores fixos estava ninguém menos que Karl Marx, que manteve ali uma coluna entre 1851 e 1861, às vezes com a colaboração (nem sempre creditada) de Friedrich Engels. Cerca de 500 textos de Marx foram publicados pelo *Tribune*, todos devidamente pagos. Apesar dessa associação, Marx chamava o *Tribune* de "um farrapo imundo". Alguns autores, como John Hohenberg, dizem que Marx foi correspondente. Mas, na realidade, ele era um colunista que escrevia de fora do país-sede de seu jornal.

O dono do *Tribune*, Horace Greeley, apesar de orientar seu jornal para uma posição de relativo apartidarismo, estava mais interessado em fazer política do que jornalismo. Ele chegou a concorrer à Presidência dos EUA em 1872, como candidato do Partido Republicano Liberal contra Ulysses Grant e teve 40% dos votos populares (ante 55% do opositor), mas morreu antes da votação do Colégio Eleitoral, que escolheu Grant.

Greeley havia sido um abolicionista e se interessava pelas ideias socialistas e feministas – o *Tribune* tinha um grande número de mulheres na Redação, inclusive algumas mandadas ao exterior para coberturas, como Margaret Fuller, que foi a primeira enviada especial à Europa da história do jornalismo americano e se tornou uma estrela da imprensa do país.

Sinecura

O então editor-chefe do *Tribune*, John Russell Young, demorou a se deixar convencer de que seria uma boa ideia manter Smalley em Londres. Um dos motivos para sua dúvida era a presunção de que Smalley se tornaria independente demais do comando da Redação (um dos motivos básicos da tensão entre o correspondente e seus chefes). Mas Young concordou com o argumento de que a presença de Smalley na Europa seria um diferencial de porte do *Tribune* diante da concorrência.

Young, no entanto, preocupava-se em explicar aos leitores o que fazia o correspondente em Londres. Dois anos depois de Smalley ter iniciado seu trabalho, o jornal publicou uma reportagem a respeito dele, na qual dizia que

> seus deveres [...] não são nenhuma sinecura [...]. Ele tem de se familiarizar com o curso dos eventos públicos não apenas na Inglaterra, mas em toda a Europa. Todos os assuntos importantes têm de ser olhados por ele tão cuidadosamente como são os da Câmara de Vereadores de Nova York pelos repórteres locais [...]. O Sr. Smalley tem intimidade com diversos jornalistas e políticos britânicos, que têm sido proeminentes no apoio dos interesses dos EUA e fazem de seu escritório um local de uso frequente e familiar.

A descrição do trabalho do correspondente internacional para o público talvez não seja mais necessária atualmente para justificar sua existência. Mas até que não seria má ideia apresentá-la a alguns colegas, que ainda acham que trabalhar no exterior constitui um prêmio, senão uma "sinecura".

Fritz Utzeri, que foi correspondente do *Jornal do Brasil* em Paris, reclamava que vários colegas seus viam a função de correspondente como "um prêmio" ou como solução para algum problema político interno da Redação (de fato, no caso do Brasil, isso tem sido prática recorrente: algum jornalista com cargo de chefia que se desentende com o comando da Redação acaba sendo mandado para um posto no exterior, às vezes para o lugar mais distante possível, para acomodar a situação sem traumas maiores).

Morar em um país desenvolvido, de qualquer modo, ainda é tido como um privilégio tão especial que, mesmo quando se trabalha duro lá fora, a ideia de que assim mesmo as vantagens compensam qualquer eventual sacrifício prevalece. Octavio Frias de Oliveira, que tornou a *Folha de S.Paulo* o jornal de maior circulação do país, costumava brincar comigo quando, nos meus tempos de correspondente em Washington, eu vinha à Redação do jornal em São Paulo: "E aí, Carlos, quando vão acabar suas férias lá em Washington?".

ENTRE DOIS PAÍSES

John Maxwell Hamilton, em seu livro *Journalism's Roving Eye*, ao contar a história de Smalley, enfatiza que ele acabou se tornando mais britânico do que americano depois de sua longa permanência em Londres.

Esse é um dos riscos que correspondentes baseados por muito tempo em um só país podem correr: pensar como suas fontes, não como seus leitores. A dissociação do correspondente da maneira de o seu leitor ver o mundo pode ser fatal para o seu trabalho.

É claro que o correspondente precisa entender a psique do país onde está. Isso o ajuda a avaliar corretamente os acontecimentos e prever com mais acuidade seus desdobramentos. Por exemplo: o caso do *impeachment* do presidente Bill Clinton por causa de sua relação com a estagiária Monica Lewinsky na Casa Branca, que cobri do início ao fim em Washington.

Muitos entre meus amigos e colegas brasileiros achavam impossível que Clinton corresse algum risco de perder o mandato em decorrência do que consideravam um "pecadilho inconsequente".

Mas quem conhecesse mais a fundo a maneira de pensar do americano médio, o que um estrangeiro só consegue se tem a oportunidade de conviver cotidianamente com os cidadãos comuns dos EUA em reuniões das associações de pais e mestres da escola dos filhos, em igrejas ou em encontros de vizinhos, saberia que a possibilidade de *impeachment* era concreta.

Mesmo que o correspondente viva anos num país, se não tiver esse tipo de contato com o nacional típico da sociedade que cobre, ele não será capaz de compreender a alma do seu povo.

O moralismo arraigado da maioria dos americanos, em especial quando o assunto envolve sexo, e ainda mais sexo com pessoa jovem e em posição de inferioridade ostensiva – como era Monica Lewinsky diante do presidente dos EUA –, mais o conservadorismo de parcela considerável do eleitorado, que se sentia ameaçada pelas propostas que via como quase socialistas do governo Clinton, e, finalmente, o rigor ético da maioria esmagadora da população, que acha a mentira um erro condenável, tornavam muito provável que a pressão sobre os congressistas pelo *impeachment* de Clinton fosse grande, quase irresistível.

Para o brasileiro, aquilo podia não fazer sentido. Para o americano, sim. E a função do correspondente é mostrar o que pode acontecer de acordo com a perspectiva de quem toma as decisões. E, de fato, o *impeachment* foi aprovado pela Câmara dos Representantes (por 221 a 212 votos), e o presidente só não perdeu o mandato porque o Senado o absolveu em votação apertada (55 a 45).

Felizmente para mim e para os leitores da *Folha*, havia na redação em São Paulo outros jornalistas que tinham sido correspondentes nos EUA e que entendiam meus argumentos sobre que linha editorial deveríamos seguir. Foi de particular importância nesse sentido a participação de Renata Lo Prete como editora da primeira página naquela época. Graças a ela, o jornal apontou antes de vários concorrentes a tendência pelo *impeachment* de Clinton.

Minha autoavaliação é a de que nunca perdi o contato com o meu país nos anos em que trabalhei como correspondente nos EUA. O que não impede que alguns críticos tenham achado o contrário. Ricardo Kotscho, por exemplo, publicou um artigo na própria *Folha*, em 27 de outubro de 1990, no qual dizia que eu, em vez de andar nos grotões do Brasil, preferia caminhar pelas ruas de Nova York.

Honestamente, eu até hoje prefiro andar pelas ruas de Washington (não de Nova York) ou Vancouver, com segurança e sem tropeções por causa de buracos ou desníveis. Mas isso não necessariamente me impede de saber o que se passa no Brasil. Cometi muitos erros na minha vida profissional, mas não creio que muitos tenham sido motivados por ignorância do Brasil.

Um erro grave e um ridículo

Quando editei a primeira página da *Folha*, em 3 de junho de 1989, não fui capaz de dar ao meu colega José Arbex Jr., que escrevia sobre os incidentes da Praça da Paz Celestial, em Pequim, o mesmo tipo de suporte que recebi como correspondente em Washington na crise do *impeachment* de Clinton.

Considero que o mais grave erro jornalístico que cometi foi não ter dado a manchete da edição de 4 de junho de 1989 para os fatos na China, que receberam uma chamada modesta de uma coluna com o título "Conflito em Pequim mata 37 pessoas". Em cima, a manchete em seis colunas dizia: "Ulysses diz que o Brasil parece o Haiti", frase de discurso de campanha do candidato do PMDB à Presidência da República.

Não justifica nem serve de atenuante o fato de meu erro ter sido repetido por outros colegas nas edições seguintes, quando a crise na China se agravou sem nunca merecer a posição de destaque principal na capa da *Folha*.

Em 5 de junho, ela recebeu uma chamada em duas colunas com o título "Repressão mata 500 em Pequim", e a manchete foi "Brasil tenta novo acordo com o FMI". E no dia 6, a célebre foto do estudante desarmado à frente de um tanque na praça da Paz Celestial foi colocada no alto em quatro colunas ao lado da chamada em uma "China passa a viver clima de guerra civil". Mas a manchete, em seis colunas, foi "Sem crédito, país pode adotar a moratória".

As decisões que eu e meus colegas na redação tomamos na edição nesses dias são hoje clara e merecidamente consideradas um grave erro. Mas em 1989, quando o Brasil vivia sua primeira campanha presidencial livre em 29 anos e uma crise econômica seríssima, talvez tivesse sido natural para nós achar que a possibilidade de moratória, o início de mais uma das infindáveis rodadas de negociação com o FMI ou um arroubo retórico de Ulysses Guimarães fossem mais importantes para o leitor do que os dramáticos acontecimentos na China.

Mas eu também fui algumas vezes vítima de má assistência na sede. Uma dessas ocasiões mostra bem como o desconhecimento do país do qual o correspondente escreve por parte da Redação pode levar a erros até ridículos. Escrevi um texto sobre Malcolm X, o líder muçulmano negro morto em 1965. O redator e o editor que o colocaram no jornal, fiéis ao Manual de Redação da *Folha*, que havia abolido os algarismos romanos, "corrigiram" minha grafia e transformaram Malcolm X em Malcolm 10º.

Traduzir por comparações

Outro episódio em que só quem conhecia bem a mentalidade americana seria capaz de prever o desfecho com menos chances de errar foi a eleição de George W. Bush sobre Al Gore, em 2000.

Para a maioria dos brasileiros interessados em política, a superioridade de Gore sobre Bush em todos os quesitos necessários para a escolha do principal líder do país era tão óbvia que classificar Bush como simplesmente competitivo naquele pleito era considerado quase um disparate.

No entanto, para quem viveu intimamente na sociedade americana, era claro que o estilo intelectual, elitista, de fala professoral e bem articulada, quase pedante, de Gore era visto com antipatia por um contingente enorme de eleitores, para quem o modo simples, bonachão e quase vulgar de Bush era muito mais atraente.

Muitos americanos preferem ter como presidente uma pessoa com quem gostariam de conversar enquanto tomam uma cerveja do que um professor. Até na academia brasileira essa constatação é aceita com dificuldade. Sou membro de um grupo que estuda assuntos internacionais na USP e vários dos meus colegas ali, na época, achavam que minha avaliação de que Bush podia ser eleito se devia ou a equívoco ou a simpatia ideológica.

Apesar de ser imprescindível para o correspondente compreender muito bem o imaginário coletivo da sociedade sobre a qual escreve, ele não pode deixar de pensar como um nacional do país para o qual envia seus relatos nem de estar muito bem informado a respeito dele.

Se a eleição entre Gore e Bush tivesse ocorrido depois da que colocou frente a frente José Serra e Luiz Inácio Lula da Silva no Brasil (em 2002), teria sido bom comparar os dois duelos, cujos combatentes tinham entre si uma razoável equivalência de estilo (Serra com Gore e Lula com Bush).

Como argumenta Fritz Utzeri em 1989, em artigo intitulado "Do outro lado do mundo" no livro *Imprensa ao vivo*, organizado por Lúcia Rito e outros:

> Ele [o correspondente] tem que traduzir a realidade do país em que está e fazer o máximo possível de comparações que permitam às pessoas identificar o que está acontecendo com os referenciais que estão acostumadas a usar aqui em casa. O correspondente não pode, de maneira alguma, perder o contato com o seu país. Não é possível, por exemplo, não saber quem é Fernando Collor de Mello, ou Leonel Brizola, ou a Xuxa. São coisas fundamentais para pinçar na realidade francesa, por exemplo, uma comparação brasileira.

Quando, por exemplo, os EUA foram sacudidos pela notícia de que O. J. Simpson estava sendo acusado de ter assassinado a ex-mulher e o namorado dela, era necessário dar ao leitor brasileiro uma noção do porquê da suspeita de homicídio sobre aquele ex-jogador de futebol americano ser tão impactante para os norte-americanos. A modalidade de futebol jogada nos EUA era quase desconhecida no Brasil em 1994 – depois da disseminação da TV a cabo no país, passou a ser um pouco mais familiar para os brasileiros. Não era possível afirmar que O. J. fosse o Pelé do futebol americano (esse título talvez pudesse ser usado para uma referência a Jerry Rice, Tom Brady ou Joe Montana). Era preciso escolher um atleta brasileiro que tivesse sido muito popular, mas não tanto quanto Pelé, e que tivesse uma boa imagem como cidadão além de esportista. Eu, que estava cobrindo o caso, acabei por dizer que Simpson estava para os americanos mais ou menos como Rivelino para os brasileiros.

Fazer a tradução de um país para outro com o uso de comparações desse tipo é um dos grandes desafios para os correspondentes internacionais. Quando eles o conseguem, seu público tem um entendimento muito mais rápido e preciso da situação descrita.

IDIOSSINCRASIAS

A tensão entre Smalley e seus editores em Nova York, de acordo com o relato de John Maxwell Hamilton, não se dava apenas por conta do viés britânico dos despachos que ele mandava de Londres, embora essa fosse a sua causa principal.

Segundo seus biógrafos, Smalley se encantou de tal modo com a Inglaterra que chegava a colecionar autógrafos de nobres, a quem convidava para luxuosos jantares em sua casa (pagos pelo jornal). Em situações em que os interesses nacionais dos EUA e da Grã-Bretanha estavam em confronto, invariavelmente ele tomava partido dela, não de seu país.

Mas os editores se queixavam ainda, entre outras coisas, de que Smalley raramente citava fontes em seus textos, os quais se tornaram mais e mais opinativos e idiossincráticos.

Esse tipo de situação não é incomum entre correspondentes que ficam por muito tempo em um só lugar e se tornam famosos em casa. O desgaste provocado pela idade, o cansaço da rotina e o excesso de autoconfiança levam muitos a deixar de entrevistar especialistas ou autoridades e passar a escrever o que a experiência e a intuição os levam a concluir. Claro que alguns são bons o suficiente para continuar acertando em suas análises e previsões, apesar de estas derivarem quase exclusivamente de si próprios.

Um caso exemplar é o de Paulo Francis, talvez o mais conhecido e polêmico jornalista dos anos 1980 e 1990, pelo estilo controvertido, que misturava pose de arrogância com grande erudição, adotado em suas colunas na *Folha de S.Paulo* (depois em *O Estado de S. Paulo*) e aparições na Rede Globo de Televisão.

Trabalhei com ele como editor e como colega correspondente. Tenho as melhores lembranças possíveis de nosso convívio. Ele era um homem inteligente e culto como poucos, gentil e solícito como sua *persona* pública não indicava, amigo leal e sempre disposto a se sacrificar para ajudar quem dele precisasse. Mas dava muito trabalho a quem o editava por – provavelmente – se sentir muito superior a muitos de seus chefes (e em muitos casos ele era mesmo muito superior).

Após muitos e muitos anos em Nova York, Francis não tinha mais ânimo nem saúde para ficar em pé no frio à espera da saída de um ministro da Fazenda do Brasil que negociava com banqueiros. Ele podia fazer alguns telefonemas, ou talvez nem isso, para saber fundamentalmente o que ocorrera e já não se preocupava com a precisão dos detalhes, que, entretanto, eram considerados essenciais pelo comando da Redação em São Paulo.

Pautar Francis era sempre muito complicado. Ele em geral achava as pautas uma bobagem – e muitas vezes eram mesmo – e não tinha disposição para cumpri-las. Como era educado e cordato, nunca dizia isso. Acatava as ordens e deixava até o momento extremo do fechamento para enviar seu texto, que era quase invariavelmente ótimo, apesar de muitas vezes guardar pouca ou nenhuma relação com o que lhe havia sido solicitado.

Duelos entre correspondentes

O pouco apego do correspondente Francis ao que lhe era pedido pelos editores às vezes também extravasava aos fatos, em especial nos textos que ele enviava para o caderno cultural da *Folha de S.Paulo*. Ali, ele tinha uma coluna que saía duas vezes por semana e se chamava "Diário da Corte".

O primeiro *ombudsman* do jornalismo brasileiro, Caio Túlio Costa, que foi correspondente em Paris antes de assumir esse cargo, escreveu sobre esse aspecto do trabalho de Francis em novembro de 1989, o que rendeu uma das mais acirradas polêmicas do jornalismo brasileiro do final do século XX.

Costa dedica o décimo primeiro capítulo de seu livro *Ombudsman: o relógio de Pascal* ao episódio. Diz ter apontado, na crítica interna, vários erros factuais cometidos pelo correspondente. Era mais difícil pegar seus erros e contradições quando falava de livros pouco conhecidos ou não editados no Brasil ou de assuntos de política internacional de difícil checagem. Outra coisa, mais palpável aos leitores, era comparar suas informações sobre o Brasil, baseadas em fatos distorcidos.

Conta Costa que na coluna de *ombudsman* ele escreveu:

> Não se deve cobrar jornalismo neste tipo de artigo de Francis. Ali ele é mais o Francis ficcionista, o cronista dos tempos. Diz besteiras e coisas sábias. Escreve o que muitos pensam e não ousam falar em voz alta. É preconceituoso, vulgar, chuta alguns dados, é o Paulo Francis de sempre – irreverente e destemido. [...] Francis não tem compromisso com ninguém, a não ser com sua cabeça, cuja memória e capacidade de reflexão, poucos brasileiros possuem igual.

A partir desse estopim, Francis e Costa travaram um duelo em que um chamou o outro de "piolho", "ranzinza acometido de senilidade precoce", "canalha menor", "vítima de infantilismo tardio", "cara de lagartixa pré-histórica". Dez meses depois do duelo, Francis deixou a *Folha* e passou a escrever para o seu principal concorrente, *O Estado de S. Paulo*.

Na sua primeira resposta ao *ombudsman*, Francis fez uma referência a Claudio Abramo, dizendo que Costa estava empenhado em assumir o papel "pretendido" por Abramo de "mediador das disputas da esquerda".

A menção remete ao "conflito velado" – como definido por João Batista Natali em seu livro *Jornalismo internacional* – entre os dois na cobertura da *Folha* na Guerra das Malvinas. Foi Abramo, como editor-chefe, que deu a Francis a correspondência em Nova York. Como disse Natali, "eram ambos homens de fortes convicções pessoais, que se sobrepunham ao exercício da função de repórter". Isso ficou claro em 1982, quando se desentenderam, um em Nova York, outro em Paris, os dois como correspondentes da *Folha*.

Francis argumentava que não haveria guerra porque os EUA não a permitiriam para não desmoralizar a Doutrina Monroe da "América para os americanos". Para Abramo, os EUA não interviriam nas ações da Grã-Bretanha para não colocar em risco a estabilidade da Otan, na qual Londres sempre foi o principal aliado de Washington. Como constatou Natali, "bastaram algumas semanas para provar que Cláudio Abramo tinha razão".

QUESTÃO DE TEMPO

Por conta dos atritos entre Francis e os editores, em 1987 a *Folha* criou, com meu apoio decidido (à época eu era secretário de Redação na área de produção), uma espécie de bolsa-correspondente. Na gíria interna do jornal, por muito tempo foi conhecida como "bolsa Paulo Francis". Jornalistas jovens e promissores se candidatavam para passar um período de seis meses (em algumas épocas foi de nove meses) em Nova York, sob o comando de Francis.

A esses jovens repórteres caberia o "trabalho pesado": ir a campo, colher as informações *in loco*, entrevistar as pessoas. O correspondente sênior deveria orientá-los, confrontar seus dados, dar-lhes dicas. Alguns dos melhores repórteres e editores atuais fizeram parte desse projeto. Entre outros, Fernando Rodrigues, José Arbex Jr., Nelson de Sá, Renata Lo Prete, Ricardo Anderáos, Zeca Camargo.

No entanto, mais tarde me penitenciei um pouco por ter ajudado a criar a bolsa-correspondente. Porque esta acabou se desvirtuando da intenção original – a de aliviar parte da carga de trabalho de um jornalista já veterano e ao mesmo tempo impedir que o material de fora continuasse a chegar, às vezes, desconectado de fontes e fatos brutos. Acabaram sendo criadas bolsas para cidades onde não havia nenhum correspondente do jornal.

A bolsa virou uma alternativa mais barata para o jornal ter seus repórteres, mesmo inexperientes, em vários lugares do mundo. Melhor do que nada, mas não o ideal. Certamente muitos dos jovens jornalistas que foram para Londres, Paris, Buenos Aires, devem ter aprendido com a oportunidade e se aperfeiçoado profissionalmente graças a essa oportunidade.

Alguns deles escreveram pequenos depoimentos sobre sua experiência para uma publicação interna que o jornal produzia na época, o *Filofolha*. Foi na edição de julho de 1989. Neles, vários se queixam do salário, que era quase simbólico, outros de más condições de trabalho, mas praticamente todos contam ter aproveitado bastante o período de trabalho. Uma reclamação constante era em relação ao curto período do estágio (inicialmente de seis meses, depois nove, depois seis novamente).

De fato, seis ou nove meses não são tempo suficiente para ninguém fazer um trabalho consistente como correspondente. Um ano é o período mínimo para alguém basicamente se instalar num país que lhe é novo e adquirir algum senso dele. Após dois anos de trabalho, o jornalista começa a ganhar a confiança de fontes que lhe são significativas. O traquejo com as instituições somente passa de fato a contar no terceiro ano. O trabalho só rende mesmo em quatro ou cinco anos, que é o "mandato" padrão adotado pelo *New York Times*, por exemplo.

Stephen Hess, em seu perfil do correspondente de outros países nos EUA nos anos 1990, constatou que, na média, eles estavam lá fazia quatro anos. E quatro anos também foi a resposta mais frequente quando ele lhes perguntou qual era o tempo ideal de permanência num posto para o correspondente. Menos do que isso é desperdício de talento e recursos.

Além disso, a alta rotatividade seguramente deixa uma má impressão do jornal junto às fontes, que muitas vezes conhecem um correspondente e não o acham mais quando lhe querem passar informações porque ele já não está mais lá e outro, desconhecido, está no lugar. E impede que o leitor estabeleça um vínculo sólido com o correspondente e sua maneira de interpretar o país.

Correspondente vira nativo

Também, muito mais do que cinco anos num só lugar é provavelmente improdutivo para o correspondente, o veículo e sobretudo o público. A tendência é que as coisas comecem a virar lugar-comum para o jornalista, que elas comecem a ser tomadas como "dadas" pelo repórter e deixem de lhe parecer notícia, como parecerão a quem acaba de chegar ao país e para quem tudo é novidade. O correspondente que fica muito tempo num lugar acaba "mofando".

E há a possibilidade de o correspondente "virar nativo", como se diz entre os que exercem a profissão nos EUA: ou seja, passar a pensar e escrever como se o seu público-alvo não fosse o do veículo para o qual trabalha, mas sim o do país onde está.

Em consequência, o jornalista corre o risco de "perder o pulso" de sua audiência e, assim, desconectar-se dela. O patriarca dos correspondentes, George Smalley, estava havia 28 anos em Londres, quando foi demitido pelo *Tribune*. Voltou em 1895 para Nova York, onde trocou de lado: passou a ser o correspondente do *Times* de Londres, para quem trabalhou por dez anos.

Outro tipo de problema do correspondente "nativo" é o de começar a achar que assuntos que ele já cobriu diversas vezes ficaram "velhos" e não merecem mais ser tratados.

O correspondente pode ter a lembrança de tudo que escreveu sobre um determinado tema e, por isso, às vezes achar que seu público também se lembra de tudo. Não é bem assim. O público do correspondente está sempre ganhando novos integrantes, que nada sabem sobre aquele assunto. E, mesmo entre os antigos membros da audiência, os temas ganham e perdem importância ao longo do tempo: pode ser que muitos os ignorem por anos e depois passem a se interessar por eles. Por isso, com frequência, a repetição – ao menos de dados e enfoques básicos – é fundamental. Redundância pode ser vício, mas também pode ser virtude no jornalismo em geral e na correspondência internacional, especificamente.

Reali Jr., que trabalhou em Paris por mais de três décadas, fez essa advertência em seu livro *Às margens do Sena*:

> O fato de eu ter tratado de uma informação há algum tempo não quer dizer que não voltarei mais a escrever sobre o mesmo tema, erro que alguns correspondentes cometem. "Já escrevi sobre isso, é assunto velho". Esse erro, às vezes, o novo correspondente não comete: para ele, o assunto é novo.

O retorno ao país de origem, independentemente do tempo passado fora, pode ser traumático. O "choque cultural" do expatriado ao voltar à terra natal tem sido estudado por antropólogos que examinam a situação de executivos de empresas multinacionais ou de exilados políticos, mas ele ocorre também com correspondentes estrangeiros.

Nelson de Sá, que foi um dos primeiros correspondentes juniores da *Folha* em Nova York no final dos anos 1980, escreveu na avaliação desse período: "O que deveria merecer mais cuidado, na minha opinião, é a volta dos correspondentes juniores [...]. [Ela] precisa ser acertada em detalhe com o correspondente enquanto ele ainda estiver no exterior".

MULHERES

Se existe o perigo de o correspondente se apaixonar pelo país onde está e passar a se comportar como se fosse um de seus cidadãos, há também o oposto: o de ele nunca se adaptar à sociedade que deve cobrir ou o de ele se tornar um incômodo tão grande para o governo local que acaba expulso. De que se tenha registro, a primeira vez em que isso ocorreu, a vítima foi uma mulher, Dorothy Thompson, expulsa da Alemanha em 1934.

Ela é provavelmente a patronesse das correspondentes internacionais. Organizadora do movimento sufragista feminino em Nova York na década de 1910, Thompson começou a escrever artigos sobre esse assunto, tomou gosto pelo jornalismo e, em 1920, partiu para a Europa em busca de trabalho, tendo lá ficado por 15 anos, quase sempre como *free lancer* para diversas publicações americanas.

A exemplo de Smalley, que pode ser considerado o primeiro correspondente de fato, embora possa ter tido precursores, Dorothy Thompson foi a primeira mulher a viver profissionalmente do trabalho de enviar de modo sistemático e cotidiano relatos do exterior para um veículo de comunicação em seu próprio país.

Antes de Thompson, mas por períodos de tempo mais curtos, Nelly Bly havia sido correspondente internacional, provavelmente a primeira mulher nesse tipo de função. Bly também teve problemas com o governo estrangeiro. Suas primeiras reportagens do exterior, feitas do México para o *Pittsburgh Dispatch* em 1885, a levaram à cadeia e depois à expulsão do país por terem sido consideradas excessivamente críticas pelo ditador Porfírio Dias. Em 1889, ela se tornaria uma celebridade ao realizar para o *New York World* (que pertencia a Joseph Pulitzer) uma reconstrução real da volta ao mundo em 80 dias imaginada por Júlio Verne em seu célebre romance homônimo.

Ainda antes, em 1848, Margaret Fuller cobriu revoluções na Europa para o *Tribune* de Nova York, em especial na Itália, onde seu marido, Giovani Ossoli, era um dos líderes do movimento pela instituição da república em Roma. Fuller escrevia mais como uma militante do que como uma repórter, o que também diferenciava seu trabalho do de Thompson.

Entre outras façanhas, Thompson obteve uma raríssima entrevista para um órgão jornalístico americano com o então aspirante a líder alemão Adolf Hitler. Em 1931, quando a República de Weimar já desmoronava e o Partido Nacional Socialista ganhava adeptos rapidamente, Thompson conseguiu convencer os assessores de Hitler de que ele precisava começar a cortejar a opinião pública internacional.

Ela conversou com ele em nome da revista *Cosmopolitan*, que publicou sua reportagem, com o seguinte lide:

> Quando finalmente entrei no salão de Adolf Hitler no Hotel Kaiserhof, convenci-me de que estava me encontrando com o futuro ditador da Alemanha. Em menos de 50 segundos, eu me assegurei de que não estava. Foi esse o tempo que levou para eu me dar conta da surpreendente insignificância desse homem que deixara o mundo ansioso.

Dali, ela passa a descrever, com quase repugnância, o rosto de Hitler, definido como "o protótipo do Homem Pequeno".

O instinto de Thompson em relação ao futuro político de Hitler estava errado, mas a análise de sua personalidade, provavelmente, não. A antipatia instantânea que sentiu por ele se ampliou ao longo dos anos e a recíproca foi verdadeira até que ele assinou sua ordem de expulsão, que Thompson enquadrou e pendurou na parede de seu escritório na redação do *Herald Tribune*, em Nova York, onde passou a trabalhar.

Depois dela, centenas de correspondentes – homens e mulheres – foram expulsos de diversos países, especialmente os que foram subjugados por regimes totalitários, como a União Soviética, a Alemanha nazista, diversas nações da Ásia, África e América Latina.

O Brasil quase se juntou a essa lista, em plena democracia, em 2004, quando o governo de Luiz Inácio Lula da Silva chegou a anunciar o cancelamento do visto de Larry Rohter, então correspondente do *New York Times*, devido a uma reportagem em que ele se referia aos boatos que corriam no país sobre os hábitos de consumo de bebida alcoólica pelo presidente. Felizmente, o governo voltou atrás e Rohter terminou seu período como correspondente no Brasil sem dificuldades.

Serviço de quarto

Durante muito tempo foi raro ver mulheres como correspondentes em outros países. "Por décadas, o mundo do correspondente, retratado como de mistério e suspense, uma vida de intriga, perigo e exotismo, era basicamente fechado para as mulheres", constata Stephen Hess em seu livro *International News and Foreign Correspondents*.

Entre as exceções, além de Thompson, estavam Martha Gelhorn, que cobriu a Guerra Civil Espanhola, Margaret Bourke-White, uma das poucas mulheres repórteres na Segunda Guerra Mundial, Margaret Higgins, que esteve na Guerra da Coreia e Louise Bryant, que escreveu ocasionalmente da Rússia na época da revolução.

Georgie Anne Geyer, que começou a trabalhar como correspondente no início dos anos 1960 para o *Chicago Daily News* e ficou famosa por ter obtido a primeira entrevista de Saddam Hussein para um veículo jornalístico ocidental (em 1973), reflete muito sobre a condição da mulher como correspondente no seu livro de memórias *Buying the Night Flight*.

Ela diz ter sido "uma mulher jornalista interina, uma criatura entre a geração de jornalistas mulheres anterior à dela, mais durona, basicamente antifeminina, e as repórteres atuais, muito mais liberadas e femininas".

Geyer gasta várias páginas na descrição de seus conflitos na escolha entre casar-se e constituir família, por um lado, ou de se manter na vida frenética do jornalismo internacional, por outro. E afirma ter ouvido de um namorado frustrado que as palavras que ela mais usava eram "serviço de quarto, por favor" em vez de "eu te amo", como ele teria preferido.

Os enormes obstáculos com que as primeiras mulheres correspondentes se defrontaram – e muitas ainda enfrentam – estão bastante bem descritos no livro *Women of the World: The Great Foreign Correspondents*, de Julia Edwards. Eles incluem desde o chauvinismo de editores e fontes (em especial entre militares) até o ciúme e a hostilidade dos correspondentes homens com quem trabalhavam.

De acordo com ela, na Segunda Guerra Mundial, era comum que mulheres fossem excluídas das instalações preparadas para a imprensa, onde os comandantes davam suas entrevistas, sob o argumento de que não era possível instalar banheiros femininos nas suas imediações.

Banheiros, por sinal, foram, durante as guerras, um problema constante para as repórteres que as cobriam. Colegas homens convenciam os militares, também homens, a instalar os sanitários femininos à maior distância possível das barracas do comando e residenciais, o que trazia grandes prejuízos e maiores riscos às correspondentes.

A primeira brasileira

A dificuldade para precisar quem foi a primeira mulher correspondente internacional brasileira é tão grande ou maior do que saber com exatidão quem foi o primeiro homem a exercer a função.

Mas um bom palpite é que ela tenha sido Dulce Damasceno de Brito, que, em 1952, foi enviada para Hollywood pela revista *O Cruzeiro* e os jornais do grupo *Diários Associados*, e lá permaneceu por 16 anos, tendo feito uma extraordinária carreira, que incluiu diversos furos mundiais, graças à amizade que conseguiu cultivar com diversas estrelas e astros do cinema, entre elas Carmem Miranda, Kim Novak e Cesar Romero.

Antes dela, Sylvia de Arruda Botelho Bittencourt, mulher do dono do *Correio da Manhã*, trabalhou por algum tempo na Europa para a agência de notícias UP (fundada em 1907 e que, depois, ao se fundir com o *International News Service*, em 1958, formou a UPI, uma das maiores agências da história). Mas o trabalho de Sylvia Bittencourt, embora tenha incluído até uma breve passagem com a Força Expedicionária Brasileira na Itália, não chegava a ser algo regular, como foi o de Dulce Damasceno de Brito.

No primeiro levantamento demográfico que fez dos correspondentes internacionais em 1970, Stephen Hess constatou que só 12% deles eram do sexo feminino. Em 1980, elas passaram para 33% e continuavam mais ou menos um terço do total em 1992, data do último recenseamento publicado.

No Brasil, demorou ainda mais tempo para as mulheres formarem um contingente mais expressivo em termos proporcionais na já restrita equipe de correspondentes.

Mas, atualmente, em especial na televisão, elas estão praticamente em igualdade de condições com os homens, ao menos em número no total de correspondentes. Algumas, como Sandra Passarinho, Marilena Chiarelli, e mais recentemente Sonia Bridi, entre outras, se destacaram na Rede Globo de Televisão e se tornaram jornalistas nacionalmente conhecidas e respeitadas.

Vantagens e desvantagens

Hess atribui ao fato de ter crescido muito o número de *free lancers* entre correspondentes internacionais o aumento da porcentagem de mulheres na categoria. Muitas mulheres de correspondentes começaram a fazer trabalhos como *free lancers* para o veículo onde trabalha o marido ou mesmo para outros – o que levanta um dilema ético significativo: podem dois jornalistas que trabalham para competidores dividir a mesma cama e o mesmo lar?

Em seu livro, Hess ouve várias correspondentes sobre se o fato de ser mulher tornava seu trabalho mais difícil, menos difícil ou era indiferente em relação aos correspondentes homens. Elaine Sciolino, que por anos trabalhou no Irã, disse que o fato de ela usar o xador a tornava quase invisível e lhe dava mais liberdade para se movimentar em lugares em que os colegas homens não conseguiam estar. Bryna Brennan, veterana jornalista em conflitos na América Central, afirmou que sua condição de mulher lhe dava vantagens sobre os homens em seus contatos com militares locais. Mas muitas repórteres se queixaram das restrições a que eram submetidas em países como Arábia Saudita e Coreia. Outras afirmaram ter sido demitidas quando engravidaram.

Pamela Constable, que cobriu por cinco anos o Afeganistão, o Iraque e o Paquistão, logo após o 11 de setembro de 2001 para o *Washington Post*, relatou-me inúmeras situações em que sua condição feminina lhe trouxe enormes obstáculos adicionais aos que os colegas homens enfrentavam. Isso não a impediu, no entanto, de ter sido uma das mais bem-sucedidas profissionais na dificílima tarefa de entender aquela parte do mundo nesse período histórico específico. Ela diz que era especialmente difícil para ela, por ser mulher e ocidental, ganhar a confiança das fontes muçulmanas masculinas.

Atualmente, algumas das principais estrelas da correspondência internacional são mulheres, como Cristiane Amampour, da CNN. Mas os preconceitos continuam existindo, como se demonstra no filme *Three Kings*, em que a correspondente Adriana Cruz, da fictícia rede NBS, claramente inspirada por Amampour, é retratada como a representação máxima do jornalismo que se vale mais das aparências do que do conteúdo.

Em *Salvador: o martírio de um povo*, o estereótipo da correspondente mulher de TV, bonita e fútil, é representado no papel de Paulie Axelrod, com quem o herói da história, um homem, tem atritos constantes por tentar ir a fundo e descobrir os fatos como ocorreram enquanto ela dá sempre a versão mais conveniente à ditadura de El Salvador.

FAMÍLIAS

Frederick T. Birchall, um dos principais correspondentes estrangeiros do *New York Times* na década de 1930, dizia que "correspondentes deveriam ser eunucos", após ter tido uma série de problemas profissionais devido a envolvimentos amorosos, inclusive com fontes. O fato de o homem ser casado também é encarado por muitos editores como um problema no exercício da função de correspondente internacional.

Stephen Hess diz ter ouvido de um editor do *New York Times* que o jornal mede o sucesso de um correspondente pelo número de casamentos fracassados em sua vida (quanto mais casamentos rompidos, melhor o correspondente). William Tuohy, veterano correspondente do *Los Angeles Times*, costumava dizer que "o divórcio é um risco ocupacional do correspondente internacional".

De fato, a função não é muito propícia para casamentos felizes, se "casamento feliz" for definido como aquele em que horários e rotinas são regulares e previsíveis. Eu mesmo e muitos colegas passamos por diversas situações em que ocasiões familiares importantes como Natal e férias tiveram de ser interrompidas ou canceladas devido a missões imprevistas e inadiáveis que tinham de ser realizadas.

O tempo disponível para a família também é drasticamente limitado para um correspondente internacional, que, com muita frequência, tem de estar ligado 24 horas por dia e produzindo 12 horas por dia.

Quando resolve dar prioridade às relações conjugais em vez das obrigações profissionais, o correspondente pode se dar muito mal. Ouvi muitas vezes, embora não saiba se é verdadeira, uma história que dizem ter acontecido com um correspondente brasileiro em Roma. Pode não ter ocorrido, ou pelo menos não como a descrevo, embora haja muitos relatos sobre ela, sempre atribuindo-a a algum correspondente brasileiro na Europa. Mas, como se diz em (apropriadamente) italiano, *"Si non è vero è ben trovato"* [se não é verdade, é bem contado].

Diziam que em maio de 1981, quando era correspondente em Roma, o jornalista, exaurido pelo trabalho excessivo, resolveu passar o fim de semana prolongado da Semana Santa num barco no Adriático, onde ficaria isolado do mundo, sem rádio, televisão ou qualquer contato externo (ainda era possível esse tipo de escapadas, já que não existia celular).

Para não ter problemas com o jornal, deixou matérias "frias" para serem transmitidas por telex para sua redação diariamente no horário em que seus despachos eram enviados.

Ocorre que no meio do feriadão, em 13 de maio, o papa João Paulo II foi vítima de um grave atentado a tiros na Praça São Pedro. Seus editores tentaram freneticamente entrar em contato com ele durante o dia, sem sucesso. Até que o sininho do telex na redação do jornal tocou (era o alerta para que os contínuos soubessem que algum texto estava entrando) e começou a receber um texto vindo de Roma do correspondente, para alívio geral da redação. Só que, claro, não se tratava do atentado, mas de um assunto completamente irrelevante para a necessidade do momento.

Solteiro é mais barato

Uma das razões pelas quais o correspondente casado é malvisto por seus empregadores é que o solteiro custa menos. É comum – mas nem sempre entre os brasileiros – o correspondente gozar de pelo menos alguns privilégios de funcionários de empresas multinacionais expatriados, como subsídio para o aluguel da casa (em especial se ele trabalha em casa), mensalidade de escola para os filhos (se o sistema público de ensino do país onde ele está é ruim), viagens regulares para a sede do veículo (para ele, cônjuge e filhos), custo do visto de permanência no país onde trabalha (para a família toda), seguro-saúde quando não há seguro público gratuito de boa qualidade, etc.

Se o correspondente é sozinho, essas despesas ou inexistem ou são menores. Mas, para azar dos patrões, não é incomum que o correspondente solteiro se case com uma nacional do país onde está servindo, o que, além de aumentar as despesas, eleva a possibilidade de ele "virar nativo" e não querer se mudar quando é necessário deslocá-lo para outro lugar.

Correspondentes homens que são casados com mulheres que não têm a oportunidade de exercer sua carreira profissional no país para os quais eles são mandados costumam ter problemas de relacionamento conjugal, que se agravam com o decorrer do tempo e que podem afetar a qualidade de seu trabalho. A frustração da cônjuge (e, com muito menor incidência, do cônjuge) de correspondentes é fonte de dificuldades constantes em muitas situações.

As mudanças que têm ocorrido desde meados dos anos 1960 no papel tradicional de marido/mulher, pai/mãe nas famílias ocidentais vêm afetando um pouco a dinâmica da vida dos correspondentes. Ulf Hannerz registra em seu livro vários depoimentos de correspondentes homens que, ao terem filhos, consideram a possibilidade de trocar de carreira. Isso é especialmente intenso com os que trabalham em países nos quais há problemas de segurança ou em que a oferta de boas escolas é restrita.

Eu mesmo, quando meu filho nasceu, pedi à direção de redação da *Folha* (e felizmente fui atendido) que minha carga de viagens para fora de Washington fosse reduzida por alguns anos por eu achar importante estar presente na fase inicial da vida dele.

Minha mulher tinha intensa atividade no seu programa de pós-graduação na American University e houve ocasiões em que eu tive de trabalhar ao mesmo tempo em que cuidava do bebê, o que era possível graças às novas tecnologias.

Lembro-me com frequência da matéria que escrevi sobre a confusão em torno de Zoe Baird, a mulher que Bill Clinton indicara para a Secretaria da Justiça e que empregava uma imigrante ilegal como babá e, por isso, teve de renunciar à indicação.

Por acaso, naquele dia, eu estava sozinho em casa com meu filho e o horário do fechamento coincidia com o do seu jantar. Levei o *laptop* para a mesa da cozinha, liguei a TV para ver se algum desdobramento novo do caso ocorria até eu fechar o texto, que digitei com a mão direita enquanto dava a comida a Daniel com a esquerda. Ele ficou mais sujo do que o habitual, umas gotas de sopa chegaram ao teclado do *laptop*, mas nem o jornal atrasou por minha causa nem a criança passou fome.

ELITE DA ELITE

O levantamento demográfico feito por Stephen Hess em 1992 mostra uma tipologia para o correspondente internacional que provavelmente ainda vale para os dias atuais: mulheres são em geral mais jovens que homens (porque muitas delas são *free lancers* ou *stringers*, enquanto eles já são seniores quando recebem missões no exterior). *Free lancers* recebem por matéria escrita individualmente e sem compromisso de continuidade, e *stringers* escrevem ocasionalmente e sem vínculo contratual com o veículo. Em geral, todos estudaram em escolas melhores do que as da média do jornalista, a maioria pertence a famílias de classe média alta, muitos viveram em outros países quando eram crianças ou jovens (com os pais diplomatas, militares, executivos, acadêmicos ou jornalistas), dominam fluentemente pelo menos uma língua além da materna, tinham já atingido alguma notoriedade como jornalistas quando começaram a exercer a função de correspondente.

Embora essa descrição do "tipo ideal", do ponto de vista demográfico, do correspondente internacional seja o resultado de uma pesquisa feita apenas entre americanos no início dos anos 1990 e não haja, que eu conheça, nada similar feito entre brasileiros no final da primeira década do século XXI, o senso comum e a observação permitem afirmar que o quadro deve ser bem parecido atualmente tanto neste país quanto nos EUA.

Em seu livro *Journalism's Roving Eye*, John Maxwell Hamilton dedica o décimo quarto capítulo para descrever como o correspondente internacional foi definido profissionalmente como uma categoria ao longo do tempo, em especial a partir das décadas de 1920 e 1930.

Eles são, afirma o autor, "a elite da elite", por serem poucos dentro de um grupo maior já considerado como de elite (os jornalistas), terem educação formal e salário superiores aos de seus colegas, usufruírem de um estilo de vida que os leva a ter contato frequente com gente de muita fama e poder, desfrutarem de uma autonomia maior do que a da maioria dos demais jornalistas e, por tudo isso, terem a oportunidade de eles próprios se sobressaírem socialmente.

É verdade que essa descrição, embora possa ser relativamente fiel à realidade, é ilusória, porque todas essas vantagens são provisórias (se existem, só existem enquanto o beneficiário exerce suas funções) e porque elas não constituem mais do que meras aparências.

Mesmo assim, elas são o fulcro do fascínio que a correspondência internacional exerce sobre muitas pessoas e do prestígio que se costuma associar a ela.

O embaixador do veículo

O correspondente é muitas vezes encarado ou tratado como embaixador do jornal ou do veículo para que trabalha em outro país. Como se sabe, embaixador representa o poder, não o exerce; comunica decisões, não as toma (no âmbito das decisões nacionais, claro). É uma pessoa importante no processo político, mas raramente é a figura central.

O mesmo ocorre com o correspondente. Se ele ou ela se deixam levar pelas ilusões (e isso acontece com alguma frequência), está no caminho de grandes frustrações, que podem, inclusive, implicar em situação bastante corriqueira: quando retorna ao seu país natal, tem dificuldades para se readaptar, sente-se estrangeiro em casa, como ocorreu com um dos maiores entre todos, William Schirer, como veremos adiante.

Essa semelhança da condição pessoal e profissional do diplomata e do correspondente talvez seja uma das razões pelas quais os integrantes dessas duas categorias costumam se dar tão bem em seus postos de trabalho.

Embora reclamem muito de seu trabalho, os correspondentes em geral são pessoas satisfeitas com o que fazem. Como disse um dos entrevistados de Stephen Hess no livro em que ele traça o perfil dos integrantes da categoria, "o melhor emprego do mundo, depois de se ter sido correspondente estrangeiro, é ser correspondente estrangeiro novamente". Pena que a idade muitas vezes impeça que isso perdure para sempre.

RELAÇÃO COM O PATRÃO

Nos tempos áureos do correspondente, os jornais americanos o proviam com infraestrutura que lembrava a de um embaixador: escritório confortável e bem localizado, assistentes, disponibilidade de serviços para lhe dar apoio logístico. Inclusive porque patrões e seus lugares-tenentes gostavam de ir ao exterior periodicamente e usufruir dessas comodidades.

Um célebre correspondente daqueles tempos, Milt Freudenheim, dizia que saber "entreter patrões é uma das regras básicas para o correspondente". O correspondente era, nas viagens do dono do veículo ao país em que servia, o amigo, intérprete, conselheiro político, assessor de compras do patrão e, às vezes, dos seus familiares também.

Mas os problemas para o correspondente nessas visitas podiam também ser muitos e sérios. Conta-se que um correspondente da revista *Time*, em Roma, caiu em desgraça porque não havia um carro à espera de Henry Luce (o dono da revista) no aeroporto local quando ele chegou para visitar a cidade.

Robert McCormick, o dono do *Chicago Tribune*, era famoso por causa das exigências que fazia a seus correspondentes quando viajava a suas bases. William Schirer se queixava de ter de acompanhar a mulher de McCormick e lhe fazer as vontades, algumas das quais extravagantes.

John Maxwell Hamilton relata em *Journalism's Roving Eye* inúmeras histórias curiosas sobre a relação entre correspondentes e patrões. Desde desencontros absolutos, como o que levou um correspondente a fazer reserva de passagem de avião em primeira classe para si próprio em viagem que teria em companhia do dono do jornal e descobrir, já a bordo, que o patrão viajava de econômica, até artimanhas bem-sucedidas, como a de um correspondente que havia meses pedia aos seus chefes para que trocassem o seu carro e só foi atendido após levar o patrão em uma viagem ao interior do país em seu automóvel caindo aos pedaços.

Eu tive a sorte de não sofrer esse tipo de constrangimento. Os donos da *Folha de S.Paulo* sempre foram extremamente parcimoniosos tanto em suas viagens aos EUA quanto em qualquer tipo de pedido de ordem pessoal. Tive colegas que com alguma frequência faziam compras de perfumes, bebidas, livros, remédios e os despachavam para seus patrões. A mim, nunca nada disso foi pedido. O que não deixava, evidentemente, de ser um alívio, porque tempo é o que mais falta a um correspondente. Desperdiçá-lo para atender a pedidos pessoais de superiores deve ser uma das maiores frustrações para um bom profissional.

Mas o pior que pode acontecer a um correspondente possivelmente é o patrão viajar a seu posto e chegar à conclusão de que a situação ali é muito diversa da que seu empregado retrata em seus despachos, ainda mais quando o patrão está enganado.

William Schirer descreve uma situação dessas em 1936, quando o governo nazista alemão fez uma *blietzkrieg* [guerra-relâmpago] de relações públicas internacionais para promover sua melhor imagem durante os Jogos Olímpicos de Verão. Uma das táticas usadas foi convidar donos de grandes jornais americanos para assistir aos jogos e andar pela Alemanha escoltados por guias do regime.

Schirer relata um almoço que ele e seus colegas tiveram com Norman Chandler, o dono do *Los Angeles Times* e outros empresários do setor de comunicação, em que os patrões disseram aos jornalistas que a Alemanha que estavam vendo em nada se parecia com a que lhes era descrita pelos correspondentes. Claro: além de muitos entre os patrões sentirem simpatia pelo nazismo, eles só haviam visto o que seus anfitriões quiseram.

INFRAESTRUTURA

A questão da infraestrutura para o correspondente brasileiro tem sido em geral um problema difícil. Nenhum, que eu saiba, desfrutou de nada similar ao que o *Daily News* de Chicago oferecia aos seus enviados a Paris e Londres na primeira metade do século XX: escritórios com poltronas de couro, tapetes orientais, palmeiras em vasos. Seu proprietário, Victor Lawson, instruíra seus subordinados em relação às sucursais europeias: "Não façam economia nas despesas de decoração, mobiliário, cartazes externos". Ele queria tudo do melhor dentro da lógica de que aquele era um posto avançado que traria prestígio e influência ao jornal.

Poucas organizações jornalísticas brasileiras tiveram desejo ou condição de fazer algo desse gênero na segunda metade do século passado ou neste. A Rede Globo de Televisão manteve e mantém escritórios confortáveis em Nova York e Londres. Outras redes de TV, por algum tempo, também. A Editora Abril, idem. Mas sem luxo ou ostentação. E, em geral, os correspondentes brasileiros ou trabalham em casa ou, no máximo, em escritórios modestos.

Eu desfrutei por algum tempo do privilégio de um escritório no National Press Building, em Washington, onde estavam sucursais de quase todos os veículos de comunicação importantes dos EUA e de muitos outros países na capital americana e também o Foreign Press Center (FPC), escritório do governo dos EUA que oferece serviços aos correspondentes estrangeiros (muito úteis, em especial nos tempos pré-internet, em que pesquisa e transmissão de matérias eram tarefas trabalhosas, que o FPC facilitava enormemente).

Foi no início dos anos 1990 que a *Folha* investiu pesadamente no noticiário internacional: resolveu passar a editá-lo num caderno separado diário e chegou a manter rede de quase trinta jornalistas, entre correspondentes seniores, juniores, bolsistas e *stringers*. Só nos EUA, éramos sete (dois em Nova York; dois em Washington; e um em Chicago, Los Angeles e Miami).

Em Washington, éramos eu e Fernando Rodrigues. Ele, muito mais empreendedor e reivindicativo do que eu, obteve da sede, com a minha chegada, autorização para se mudar da pequena sala que ocupava, igual à de seus concorrentes de outros jornais diários do Brasil, para outra, bem maior, que passamos a dividir.

Não chegava nem aos pés da que ocupava o correspondente do jornal egípcio *Al-Aharam*, com sala de espera, secretária, carpete, móveis finos. Os nossos móveis eram da Ikea, a loja sueca equiparável a um McDonald's da decoração. Mas eram mais do que o suficiente. E tínhamos janelas – o que nossos compatriotas não tinham. Os poucos meses que passamos juntos foram excelentes, do ponto de vista profissional: fazíamos uma saudável competição interna, que deve ter sido muito desfrutada pelos leitores.

Paulo Sotero, quando trabalhava para a *Gazeta Mercantil*, conseguiu um espaço para ele na sucursal do britânico *Financial Times* em Washington, e o manteve após ir para *O Estado de S. Paulo*. Isso lhe trouxe inúmeros benefícios profissionais. Ele podia desfrutar da infraestrutura de um dos mais importantes jornais do mundo e da companhia de colegas de excelente nível que, por não serem competidores diretos, certamente lhe abriam informações e pontos de vista que devem ter enriquecido bastante sua própria perspectiva dos fatos que cobria.

No geral, no entanto, é como descrito por Fritz Utzeri, em seu artigo "Do outro lado do mundo", já citado anteriormente:

> [...] temos que ser o produtor, o telefonista, o contínuo. Isso é um pouco angustiante, porque se chega numa cidade desconhecia com um caderninho em branco. É como ser "foca" de novo. Rapidamente é preciso montar um sistema que permita não ser "furado" se acontecer alguma coisa importante. E o importante, no caso, vai desde o fato político local, até a passagem de algum brasileiro ilustre pela cidade.

Kit correspondente

O que deve um correspondente levar consigo para seu posto? Lord Copper, o dono do *Daily Beast*, no romance *Furo!*, recomenda a seu novo correspondente, William Boot, ao partir para Ismaélia, na África: "Há duas regras preciosas para um correspondente: levar pouco e estar preparado. Não ter nada que, em caso de emergência, não possa carregar nas próprias mãos".

Atualmente, é possível seguir literalmente os conselhos do patrão. No limite, o correspondente agora é capaz de sobreviver em qualquer lugar do mundo e fazer o seu trabalho apenas com *smartphones*, carregador de bateria e cartão de crédito, que pode perfeitamente carregar nas próprias mãos.

Mas na maior parte da história, ele teve de carregar muito mais para só cumprir sua missão básica de escrever, fotografar, filmar e enviar para a sede seus textos ou imagens. Pesadas máquinas de escrever, câmeras, material para revelação eram o mínimo.

E havia enormes exageros, como demonstra o "kit do correspondente de guerra" de Richard Harding Davis, famoso por sua cobertura das guerras Hispano-Americana e dos boers, na virada do século XIX para o XX. O kit que ele recomendava para todos os colegas incluía: dois cantis de água, duas lanternas, duas caixas de vela, uma dúzia de caixas de fósforos, um machado, uma banheira dobrável, seis sacos de tabaco, dois cachimbos, uma empregada doméstica, um baralho, uma caneta-tinteiro, uma garrafa de tinta para caneta, lápis, papel, envelopes, selos, elásticos, livros.

Com o tempo, além de diminuir a quantidade e o peso do que se achava recomendável levar para a missão jornalística, também mudou essencialmente a prioridade desse equipamento: do que é necessário para coletar informação para o que é preciso para transmiti-la.

De mapas, dicionários, binóculos, gravadores para essencialmente computadores, telefones e seus sucedâneos até se chegar ao minimalismo contemporâneo, em que um aparelho portátil apenas é capaz de gravar som, filmar, fotografar, ser a máquina de escrever, permitir consulta a todos os mapas e livros de referência necessários, fazer às vezes de bússola (com enormes vantagens sobre ela) com o sistema GPS.

TECNOLOGIAS

As tecnologias do final do século XX em diante ajudaram bastante a vida do correspondente: os canais de notícias 24 horas e acima de tudo a internet permitem que mesmo em casa o jornalista possa saber o que está acontecendo ou está programado para acontecer. Mas também criaram dificuldades enormes no início quando ainda falhavam muito, especialmente para quem trabalhava para o Brasil e para quem era completamente inábil no trato com elas, como sempre foi o meu caso.

Meu primeiro meio de comunicação "moderno" como correspondente foi o telex. Em 1975 e 1976, em Michigan, eu ia até a loja da Western Union na cidade de Lansing, vizinha à de East Lansing, onde eu morava e estudava na Michigan State University. Eu usava um cartão dos *Diários Associados*, para quem trabalhava. O jornal fazia o pagamento à Western. Ou eu supunha que fazia. Porque um dia a simpática mocinha que me atendia disse que lamentava, mas não podia mais me deixar usar o equipamento porque a dívida dos *Diários* com a Western estava alta demais. E eu passei a ter de mandar meu trabalho pelo correio tradicional. Em casos urgentes, ditava as matérias por telefone.

Em 1987, em Washington, eu já mandava meus textos para a *Folha* por fax. Um grande avanço. Eu levava as folhas datilografadas para um escritório de onde se fazia a transmissão. Mas as linhas para o Brasil estavam frequentemente ocupadas ou com problemas. Eu passei a ter pesadelos com a frase "*it didn't go through*" [não passou], dita pelos funcionários que demonstravam irritação mal eu chegava, porque sabiam que teriam problemas com as linhas brasileiras e com a minha pressa. Às vezes, o telefone tinha de ser de novo a salvação.

Mas a linha telefônica em si constantemente consistia ela própria num novo problema. Antes da privatização do sistema brasileiro na década de 1990, uma ligação internacional costumava ser uma pequena aventura de resultado imprevisível. O telex, o fax, o computador dependiam de sistemas de telefonia que funcionassem bem, o que não era a regra geral no mundo nas décadas de 1970 e 1980.

Quando os problemas de infraestrutura do Brasil se somavam aos de outros países, a coisa ficava mesmo feia. Ao cobrir a visita do presidente José Sarney a Cabo Verde em 1989, os jornalistas brasileiros mandavam os seus despachos de máquinas de telex instaladas no saguão do Congresso Nacional cabo-verdiano; quando acabou a energia! Levou um tempão para retornar e as edições do dia seguinte atrasaram.

No período em que José Arbex Jr. era correspondente em Moscou, no fim dos anos 1980, estabelecer conexão de telex entre a Rússia e o Brasil era tão difícil que, com frequência, ele mantinha a conexão "viva" por horas a fio até o horário de fechamento para não correr o risco de tentar restabelecê-la, não conseguir e perder o dia. Para manter a linha aberta, de vez em quando mandava alguma mensagem, jogando conversa fora, numa antecipação dos *chats* atuais.

Isso durou até o dia em que eu, na época secretário de redação, fui instado pelo dono do jornal a fazer uma auditoria nas despesas da Redação, que estavam subindo de modo alarmante. Descobri, atônito, as astronômicas quantias que eram pagas por contra da precaução jornalística de Arbex (as ligações interurbanas eram caríssimas e a linha aberta quase o dia inteiro entre Moscou e São Paulo era o equivalente a conversas telefônicas de nove ou dez horas de duração). O correspondente estava certo na defesa de seu interesse (e do leitor), mas para a gerência administrativa da Redação, era um absurdo.

A era da internet

Nas vésperas do Natal de 1987, recebi um dos primeiros *laptops* comprados pelo jornal. Era um Toshiba, com aparência de marmita, com uma tela estreita, divida em duas. Senti-me um revolucionário da tecnologia. Mal sabia como aquela máquina e suas substitutas me infernizariam a vida.

Nos primórdios da internet de massa, antes do Microsoft Explorer, as conexões via servidores cujas marcas soam agora nomes de espécies de dinossauros, como Compuserve e a posterior (e bem melhor) AOL, ainda eram muito precárias. Nessa época, meu escritório já era o porão da casa que alugara em Chevy Chase, nos subúrbios de Washington.

Minha carreira de correspondente teria sido um desastre se não fosse a sorte de eu ter conhecido um anjo da guarda da informática, Zaca Preble, que me acudia em todas as horas de necessidade (quase sempre nos piores dias, como o da eleição presidencial de 1992, quando tinha de enviar mais de dez retrancas e o sistema pifou logo de manhã cedo), sempre de bom humor e com grande competência.

O telefone, durante boa parte do século XX, funcionou como extremo recurso de comunicação quando todas as alternativas melhores falhavam. E agora se tornou um minicomputador que se conecta com a rede sem fio e permite a transmissão de relatos e imagens instantaneamente do próprio local onde os fatos ocorrem. Um instrumento tão completo com que nem os pioneiros da correspondência internacional poderiam sonhar.

O desenvolvimento da tecnologia acompanhou *pari passu* a história dos correspondentes estrangeiros no jornalismo. Do início, em que as cartas em papel e transportadas em navio eram a única possibilidade para notícias e análises chegarem de um continente a outros, ao imediatismo cibernético atual, em que os jornalistas que faziam seu trabalho fora de sua pátria foram se adaptando e adaptando a sua rotina às novas possibilidades que se abriam.

A internet do século XIX

O telégrafo, cuja primeira linha regular começou a funcionar em 1844 entre as cidades americanas de Washington e Baltimore, foi tão revolucionário quanto a internet.

O patriarca dos correspondentes, George Smalley, dizia que foi o telégrafo que ensinou concisão aos correspondentes. O custo nos tempos iniciais da utilização dos serviços telegráficos era altíssimo e os donos de jornais e seus administradores exigiam dos correspondentes que escrevessem pouco, já que o preço era por palavra.

Segundo Nelson Werneck Sodré, no seu clássico *História da imprensa brasileira*, o primeiro jornal brasileiro a usar o serviço telegráfico foi *A Notícia*, fundado no Rio, em 1894.

O relato inaugural do serviço foi sobre a Guerra de Independência de Cuba contra os espanhóis, em 1895. Sodré diz em seu livro que o público carioca não acreditou na informação de *A Notícia* por desconfiança em relação ao meio pelo qual ela chegou ao jornal e só mudou de opinião quando o *Jornal do Comércio*, que tinha mais credibilidade, também a publicou no dia seguinte. Nenhum dos dois jornais brasileiros, como é fácil supor, tinha correspondente em Cuba na época.

Mas o *New York Journal*, de propriedade de William Randolph Hearst, que inspiraria o personagem de *Cidadão Kane* de Orson Welles, tinha. E uma troca de telegramas entre o patrão e o correspondente durante essa guerra se tornou um dos mais famosos episódios de toda a história do jornalismo e, especificamente, da história da correspondência internacional.

Hearst havia enviado para Cuba, além de repórteres, o ilustrador James Creelman, o qual, num período de pouca ação na ilha, enviou uma mensagem ao dono do *World*, que dizia "Tudo calmo. Não há muito problema aqui. Não vai haver guerra. Quero voltar".

E Hearst respondeu: "Por favor, fique. Você fornece as ilustrações. Eu vou fornecer a guerra". A anedota, cuja veracidade durante muito tempo se duvidou, mas foi comprovada, é constantemente utilizada como uma prova do poder dos meios de comunicação, embora esteja longe dos fatos a crença de que a guerra em Cuba no fim do século XIX – ou em qualquer outro lugar e época – possa ter sido gerada por jornais, revistas ou emissoras de rádio e TV.

A era do rádio

Depois do telégrafo, a tecnologia de comunicação que mais afetou o trabalho do correspondente foi a do rádio, que inclusive abriu um novo campo de especialização, a do correspondente radiofônico, que no Brasil viria a ter grandes expoentes, como Reali Júnior, Caio Blinder e Ariel Palácios, entre outros, embora neste país a função nunca tenha tido a relevância que teve na Europa e principalmente nos EUA, onde as grandes redes nos anos 1930 e 1940 investiram recursos de grande vulto para trazer notícias frequentes e confiáveis sobre as diversas crises que sacudiram a Europa naquelas décadas, em especial durante a Segunda Guerra Mundial.

Alguns dos maiores ícones do jornalismo americano, como Ed Murrow, surgiram e consolidaram seu prestígio nesse período. A CBS, onde Murrow trabalhava, chegou a ter dezenas de correspondentes na Europa pouco antes e durante a guerra. Muitos se dedicariam depois à televisão, o passo seguinte na evolução da tecnologia, que, como os demais, afetou de modo profundo não apenas a rotina e métodos de trabalho do correspondente como o estilo e conteúdo de suas matérias.

Para os brasileiros, esse momento particularmente importante da história do jornalismo – o da correspondência de rádio durante a Segunda Guerra Mundial –, foi vivido de modo indireto, via serviço latino-americano da BBC de Londres, que começou a operar em 1938 já dentro da estratégia britânica de propaganda com vistas ao conflito que ainda não eclodira.

Laurindo Lalo Leal Filho relata em seu livro que "na América do Sul, o campo de batalha radiofônico estava sendo ocupado por vozes alemãs e italianas".

Os responsáveis pela BBC se preocupavam com o fato de que muitos brasileiros, argentinos e chilenos, em posições de influência em seus países, não dispunham de argumentos para defender os interesses britânicos na luta ideológica que se travava no mundo. Daí a decisão de iniciar o serviço em português e espanhol para o subcontinente. Até então, a única outra língua de transmissão da emissora além do inglês era o árabe.

Conforme descrito por Irineu Guerrini Jr. em *O rádio e a Segunda Guerra Mundial*, de Cida Golin e João Batista de Abreu, a primeira voz a falar português para o Brasil na BBC foi a de Manuel Braune, jornalista, músico e escritor, que se tornou conhecido no país como Aimberê.

A BBC depois escalou um correspondente para cobrir apenas a campanha da FEB na Itália. Ele foi Francis Hallawell, que havia morado no Brasil, falava português fluentemente e ficou famoso como "Chico da BBC".

No livro de Golin e Abreu, ainda há um relato de Chico da BBC sobre suas condições de trabalho, no qual descreve como fazia as gravações de suas reportagens em um aparelho portátil que pesava 15 quilos e em discos de acetato. A comparação de suas condições de trabalho com as de seus atuais sucessores é impressionante.

No esforço da BBC para dar atenção ao Brasil, especialmente quando o regime Vargas ainda não havia se definido entre os Aliados e o Eixo, houve também a contratação, em 1941, do escritor Antonio Callado para fazer comentários jornalísticos naquela época.

Tenho orgulho de ter sido, durante cinco anos, correspondente do serviço brasileiro da BBC em Washington, o que fazia concomitantemente à função similar que exercia para a *Folha de S.Paulo*. Era, na verdade, um serviço de *free lancer*, sem vínculo trabalhista.

Transmitia um ou dois boletins de um minuto ou pouco mais que eram cedidos a diversas rádios brasileiras. Não exigiam muito esforço, já que, em geral, resultavam da apuração que já havia feito para os textos que redigia para o jornal.

Nunca fiz entrevistas para a BBC. Fazia uma espécie de análise do principal fato do dia em Washington do ponto de vista do público brasileiro. Foi interessante explorar uma nova forma de linguagem jornalística para mim. Surpreendi-me com a repercussão desses boletins em termos de reconhecimento público de meu nome, uma comprovação do poder que o rádio tinha no final do século passado, e que provavelmente ainda tem.

Instantaneidade

As técnicas de rádio e TV não apenas criaram novos veículos para os jornalistas no exterior trabalharem como mudaram o *modus operandi* dos que continuaram com os meios impressos. A instantaneidade das informações de outros países – ainda mais quando passaram a vir com imagens – ampliou o controle dos editores na sede do veículo e diminuiu a margem de autonomia do correspondente em campo.

A pauta, cuja iniciativa era quase exclusividade do correspondente, passou a ser mais dividida com a Redação. A checagem dos relatos passou a poder ser feita com outras fontes de modo mais simples e concreto.

Quando as TVs de notícias em 24 horas se estabeleceram, essas tendências se fortaleceram.

Os satélites de comunicação permitiram que os custos da comunicação telefônica diminuíssem dramaticamente. Em 1990, o que os jornais americanos pagavam por um minuto de interurbano internacional era equivalente a 1,5% do que pagavam em 1930.

A velocidade da transmissão de imagens permitida pelas tecnologias digitais, a diminuição do tamanho dos equipamentos, as facilidades que os métodos de edição em computadores trouxeram e a internet e seus derivados, tudo isso facilitou enormemente a vida dos correspondentes, em especial os de rádio e TV, mas também os dos meios impressos, inclusive porque estes começaram a produzir suas versões eletrônicas. Os *smartphones* se tornaram tão comuns (ou até mais comuns) quanto caneta e papel para o trabalho do jornalista.

Todas essas vantagens não necessariamente produzem jornalismo de melhor qualidade do que o dos tempos anteriores. William Howard Russell, correspondente do *Times* de Londres em Paris, tinha essa suspeita já em 1851, quando se estabeleceu a linha fixa de telégrafo entre as duas cidades e ele reclamou por passar a ter de utilizá-la em seu trabalho: "O telégrafo aniquila a capacidade de induzir e especular".

John Maxwell Hamilton reflete em seu livro sobre os correspondentes internacionais: "A tecnologia poupa tempo na transmissão, mas o devora de outras maneiras". A exigência passou a ser por matérias "ao vivo", imediatas. Diminuiu a possibilidade de tempo para pesquisar informações, procurar fontes diversas, confrontar opiniões, pensar. É óbvio que a pressa é inimiga da profundidade. O imediatismo que se exige do jornalista nesta segunda década do século XXI, inclusive do correspondente, pode ser um dos grandes problemas para o futuro de sua credibilidade.

Esse admirável mundo novo já podia ser antevisto quando eu era correspondente em Washington, na década final do século passado. Um dos seus efeitos mais deletérios, que imagino tenha piorado muito nos dez anos seguintes, era a ação dos colegas que tinham de mandar despachos a cada poucos minutos para as edições "em tempo real" (como se o tempo presente fosse o único "real", como se passado e futuro fossem "irreais").

Durante uma entrevista coletiva ou um discurso, eles ficavam ao telefone transmitindo o que haviam acabado de ouvir (imagino que atualmente fiquem digitando em seus *smartphones*, o que pelo menos traz a vantagem de que, assim, não perturbam tanto o trabalho dos demais como o faziam quando tinham de falar).

Por mais que o mundo esteja se tornando um ambiente de "multitarefas", e ainda que os integrantes desta geração já tenham nascido sabendo como ficar ao mesmo tempo ligados ao Facebook, à TV, ao Google, ao videogame, ao Youtube, possuem um cérebro de ser humano, que não consegue ter um bom desempenho se tiver de ouvir e falar (ou escrever) textos diversos no exato mesmo instante.

CORRESPONDENTE DE GUERRA

Em nenhuma outra especialidade do jornalismo a questão da tecnologia minimalista e instantânea ficou tão ostensiva para o consumidor quanto na da correspondência de guerra, em especial após a segunda Guerra do Iraque, em 2003. Na ocasião, tornaram-se comuns os despachos de repórteres de TV feitos com microcâmeras, que dão às imagens, apesar da pouca qualidade técnica, um tom de dramaticidade sem dúvida atraente para pelo menos parte da audiência. Um jornalista brasileiro, Marcos Uchoa, se utilizou muito dessa tecnologia em seu trabalho no Iraque.

Uchoa foi um dos cerca de 700 jornalistas *embedded* com as Forças Armadas dos EUA durante aquele conflito. A expressão, que pode significar "na cama com" (traduzida para o português como "encaixado" ou "embutido"), constitui um genial golpe de relações públicas concebido por Donald Rumsfeld, o secretário de Defesa do governo George W. Bush.

Os comandos militares americanos vinham sofrendo fazia meio século com o problema de como lidar com jornalistas durante suas guerras. A experiência traumatizante do Vietnã, quando pela primeira vez cenas de guerra chegaram às salas de estar dos lares dos cidadãos e, pior para o governo, sem censura e com espírito crítico, levou os comandantes americanos a tentarem ampliar como nunca as barreiras à ação dos jornalistas. Seja simplesmente impedindo seu acesso (invasão de Granada), seja limitando-o a poucos *briefings* em hotéis nas proximidades da ação e rápidas visitas ao teatro de operações (Guerra do Golfo).

Rumsfeld imaginou algo radicalmente diverso: tornar os jornalistas uma espécie de verdadeiros soldados, mais ou menos como ocorreu na Segunda Guerra Mundial, quando acompanhavam os soldados em seus deslocamentos, mas quase sempre em condições similares às do capelão, exceto os que tinham *status* e coragem para superarem esse privilégio, como Ernest Hemingway, que participou do desembarque na praia Omaha no Dia D, fingiu ser um capitão de infantaria para liderar um grupo da Resistência francesa numa ação militar e esteve entre as tropas que primeiro chegaram a Paris.

Os jornalistas "encaixados" se comprometiam apenas com um manual de conduta formado por 19 normas, entre as quais não revelar o local exato de onde eles estavam mandando suas informações nem o número de baixas militares americanas nos combates cobertos. Apesar das poucas restrições a seu desempenho, muitos jornalistas se submeteram integralmente aos militares.

Um dos exemplos mais escandalosos foi a história da recruta Jessica Lynch, que os correspondentes de guerra do *Washington Post* descreveram como uma fantástica heroína, que lutou bravamente até ser capturada pelos inimigos iraquianos, em cujas mãos foi tratada brutalmente até conseguir escapar também de modo heroico. A própria Lynch depois desmentiu toda a história, totalmente criada pelos estrategistas de comunicação militares e comprada sem nenhuma verificação própria pelos jornalistas do *Post*.

Risco aumentado

Na Segunda Guerra Mundial, a censura aos despachos dos jornalistas era severa e estrita, mas na Guerra do Iraque as novas tecnologias a tornaram um esforço fútil, que Rumsfeld nem sequer esboçou realizar.

Aí reside a inteligência de sua decisão: ao dar ao jornalista as mesmas condições de vida (e risco de morte) que o soldado, o secretário da Defesa apostou que a empatia levaria o repórter a produzir matérias essencialmente simpáticas aos militares americanos, o que de fato ocorreu, mas nem tanto, especialmente depois da rendição das tropas iraquianas e da tomada de Bagdá, quando a ocupação começou e a resistência nacional se intensificou.

Um dos jornalistas que participaram do programa concebido por Rumsfeld, Nick Allen, escreveu um livro, lançado em 2010 (*Embedded: With the World's Army in Afghanistan*), no qual faz uma avaliação da sua experiência e de outros, em que conclui: "Apesar de muita cobertura simpática aos militares, em especial por parte de repórteres americanos, os correspondentes nas guerras do Iraque e do Afeganistão as retrataram como os grandes desastres que realmente foram".

Mas o livre acesso dos jornalistas às ações de combate, é claro, aumentou demais os riscos à sua integridade física. Na Guerra do Iraque, desde seu início, em março de 2003, até outubro de 2010, houve 4.420 mortes de soldados americanos e 141 mortes de jornalistas.

Em comparação, na Segunda Guerra Mundial, cerca de 292 mil militares americanos morreram (66 vezes mais do que no Iraque) e 68 (menos que a metade dos do Iraque) jornalistas foram mortos. Na Guerra do Vietnã, morreram 66 jornalistas ao longo de 20 anos. Só nos dois primeiros anos da Guerra do Iraque, esse número já havia sido alcançado.

Assim como as guerras cada vez mais distinguem menos militares de civis como alvos, os jornalistas deixaram de gozar dos privilégios que por muito tempo desfrutaram em conflitos bélicos, quando a simples identificação de sua condição profissional o livrava de ataques. Eles não só se tornaram mais vulneráveis em fogos cruzados e em ações de que participam ao lado dos soldados, como às vezes até se tornam vítimas intencionalmente alvejadas.

O Committee to Protect Journalists (CPJ), entidade que defende a integridade física de repórteres pelo mundo, tem cobrado do Pentágono providências quanto a muitas acusações de que jornalistas foram mortos no Iraque ou devido à ação imprudente ou deliberada de soldados americanos, sem receber respostas consideradas satisfatórias até o final de 2010.

Estima-se que cerca de 1.400 correspondentes de guerra tenham morrido em ação desde o século XIX. Muitas vezes, essas mortes provocam grande comoção tanto na sociedade do país para o qual o jornalista está escrevendo quanto na daquele em que a tragédia ocorre.

Roger Rosenblatt, num belo ensaio para a revista *Time* em 1983, logo após a morte de dois jornalistas americanos na fronteira conflagrada à época entre Honduras e Nicarágua, refletiu sobre o assunto:

> Quando o jornalista é removido do relato das guerras, o cidadão também é removido e fica à mercê de informes oficiais de governos. Quando um correspondente morre, também o público morre por um momento, o que é provavelmente a razão por que essa morte é sentida como uma espécie de dor intelectual.

A primeira vítima

A estratégia de Rumsfeld (e outros na administração Bush) para lidar com os jornalistas em questões militares depois dos ataques de 11 de setembro de 2001 diferiu muito da maneira como os governos em geral o fizeram em conflitos anteriores.

Não apenas com a ideia do *embedded*, mas também de outras formas, a administração americana abriu portas aos jornalistas para lhes passar informações nem sempre verdadeiras e, com base na confiança estabelecida (e também com base no clima de patriotismo desabrido que se seguiu ao 11 de setembro e contaminou toda a população, redações inclusive), viu o que queria ser publicado e transmitido pelas emissoras de rádio e TV.

Ficou célebre o caso de Judith Miller, até então respeitada repórter do *New York Times*, que corroborou com diversas reportagens falsas com alegações de que havia provas da existência de armas de destruição em massa no Iraque de Saddam Hussein, baseadas em informações *off the record* que lhe foram passadas por fontes do primeiro escalão do Pentágono.

É famosa a frase de Hiram Johnson, governador da Califórnia e senador por aquele estado durante a Primeira Guerra Mundial: "Quando a guerra começa, a primeira vítima é a verdade". Ela serviu de mote para o magistral livro de Phillip Knightley sobre a correspondência de guerra *A primeira vítima*.

Ali, é extensivamente relatada a conflituosa história da relação entre militares e jornalistas desde a Guerra da Crimeia até a do Vietnã (saíram no exterior, mas não no Brasil, duas outras edições, atualizadas, uma até a Guerra do Kosovo, outra até a do Iraque). O correspondente de guerra também merece um tratamento detalhado de Knightley.

O trabalho de Knightley é devastador para essa especialidade do jornalismo, que é em geral uma das mais valorizadas do ponto de vista da opinião pública. Ele mostra como, a exemplo do que ocorreu com Miller, é corriqueiro o jornalista se deixar manipular pelas fontes militares. Quando isso não foi possível, certamente, os militares apelaram para o poder da força bruta, por meio da censura, com exceção da Guerra do Vietnã nos estágios finais.

É curioso, como Knightley ressalta, que o patrono dos correspondentes de guerra, William Howard Russell, tenha deixado um exemplo de grande coragem, independência e eficácia: suas reportagens sobre a guerra da Crimeia não se submetiam aos desejos dos militares ingleses, a quem ele resistiu bravamente (com o apoio de seus editores no *Times*) e acabaram por provocar a queda do governo da Inglaterra que a conduzia.

Mas, como Knightley enfatiza, o espírito crítico de Russell era em relação à maneira como a guerra estava sendo conduzida, não em relação à guerra em si. A regra geral na cobertura de guerra é o jornalista mais ou menos aderir acriticamente às causas e racionalidades que seu país defende no conflito. E valorizar a coragem e bravura dos soldados, sem questionar se elas fazem sentido humano.

Brasileiros nas guerras

Felizmente para os jornalistas brasileiros, são poucas as participações do Brasil em conflitos armados. Na pior guerra de sua história, a do

Paraguai, como já se viu, a imprensa ainda praticamente não existia como negócio e não tinha condições econômicas de enviar correspondentes para cobri-la, embora a revista *Semana Ilustrada* tenha, segundo Nelson Werneck Sodré, enviado três colaboradores para a frente de batalha. Porém, Joaquim José Inácio, futuro visconde de Inhaúma, Antonio Luiz Von Hoonholtz, futuro barão de Tefé, e Alfredo d'Escrangnolle Taunay, o visconde de Taunay eram oficiais militares servindo no conflito e escreviam ocasionalmente artigos de caráter propagandístico para publicação pela revista. Talvez as anotações que Taunay fizera para a *Semana Ilustrada* tenham servido de base para o livro *A Retirada da Laguna*, um dos clássicos da correspondência de guerra brasileira (embora escrito e inicialmente publicado em francês).

Na Primeira Guerra Mundial, não há registro de algum jornal brasileiro ter mandado um repórter para a Europa. Sidney Garambone, no livro *A Primeira Guerra Mundial e a imprensa brasileira*, mostra que os jornais brasileiros se valeram das agências internacionais de notícias e da boa vontade de diplomatas em missão no exterior para redigir suas notícias.

Júlio Mesquita fez uma excelente cobertura analítica da guerra, com textos que eram publicados semanalmente, mas feitos com base apenas no noticiário das agências internacionais e nas suas leituras e conversas no Brasil. Eles estão todos reunidos em quatro volumes na belíssima edição chamada *A Guerra*.

Na Segunda Guerra Mundial, jornalistas brasileiros cobriram a missão da Força Expedicionária Brasileira (FEB) na Itália. Entre eles, alguns grandes nomes da literatura e do jornalismo do Brasil, como Rubem Braga e Joel Silveira, e ainda Barreto Leite Filho, Egydio Squeff, Thassilo Mitke, Raul Brandão, Sylvio da Fonseca, além dos fotógrafos e cinegrafistas Fernando Stamato, Adalberto Cunha e Horácio de Gusmão Coelho Sobrinho.

No grupo, como já mencionado, havia uma mulher, Sylvia de Arruda Botelho Bittencourt, casada com o diretor e dono do *Correio da Manhã*, Paulo Bittencourt, que assinava seus despachos com o pseudônimo de

Majoy e já morava na Europa como correspondente da agência UP. Ela ficou pouco tempo com a FEB, pois a agência não se interessava muito pela sua missão.

As reportagens dos brasileiros não fugiram à regra geral da correspondência de guerra de alinhamento por convencimento ou coerção aos objetivos dos militares nacionais. Como disse Rubem Braga, "em tempo de guerra, já é muito não se mentir; dizer qualquer verdade é impensável", frase que serve de epígrafe para a monografia *Os correspondentes de guerra e a cobertura jornalística da Força Expedicionária Brasileira*, de Leonardo Guedes Henn, doutor em História pela Unisinos.

O trabalho dos brasileiros era triplamente censurado: pelo Quinto Exército Aliado, pela FEB e pelo DIP. De acordo com relatos dos correspondentes a Henn, eles próprios já faziam uma autocensura antes de enviar seus textos aos militares.

Talvez nem fosse necessária tanta censura porque os textos em geral não fugiam do que Henn chamou de "literatura de exaltação cívica". De acordo com ele, "os exagerados elogios aos soldados nacionais contidos nos textos dos correspondentes chegavam a tal ponto que, às vezes, provocavam constrangimentos entre os próprios pracinhas".

Quando o jornalista é talentoso, consegue às vezes driblar todos os obstáculos, e, ainda que elipticamente, escrever o que pensa e ser entendido pelo seu público. É a conclusão a que chega Henn a respeito de Rubem Braga:

> [...] Braga teve o seu trabalho de cobertura da guerra sensivelmente limitado. Por outro lado, paradoxalmente, ele conseguiu uma liberdade que não havia usufruído no Brasil estadonovista. Utilizando-se, para isso, de recursos literários inseridos dentro do seu trabalho jornalístico, como contar a trajetória de personagens que causassem a simpatia e identificação do leitor ou relatar situações que validassem a sua opinião. Através da análise da sociedade italiana e de outros aspectos da guerra, ele conseguia expressar as suas opções políticas e a sua visão de mundo, o que seria muito difícil de se obter no jornalismo brasileiro da época.

Erros em guerras

Na maior parte das vezes, entretanto, no caso da cobertura de guerras, não há inteligência, artimanha, busca de coerência, integridade que livre o jornalista de cometer erros dos quais ele possa estar ciente ou não.

O que está em jogo não é pouco, nem para ele próprio, nem para as suas fontes militares. Com frequência, é nada menos do que a vida. É relativamente muito mais fácil agir de acordo com os melhores princípios quando se arrisca o emprego ou o salário ou posição social ou uma amizade do que quando se arrisca a vida. Por isso, talvez seja melhor nem entrar nesse tipo de atividade.

Mesmo quando não há ameaça direta e imediata à sobrevivência, outros fatores muito além do controle do correspondente de guerra o induzem a erros, ainda que ele seja muito competente.

Leão Serva elenca alguns deles em seu ótimo livro *Jornalismo e desinformação*, resultado de sua experiência profissional nos conflitos na antiga Iugoslávia no final do século XX e de sua pesquisa acadêmica na pós-graduação da Pontifícia Universidade Católica de São Paulo.

Serva mostra como alguns vícios estruturais do modelo de jornalismo adotado há séculos no Ocidente e que criam no público um estado que ele chama de "desinformação funcional" tornam-se mais agudos quando se está empenhado na correspondência de guerra.

"O jornalismo tal como o conhecemos hoje omite as circunstâncias determinantes dos fatos" por estar sempre empenhado na prioridade ao que é mais novo, surpreendente, numa linguagem que seja a mais rapidamente compreensível pela maioria absoluta (numa busca de mínimo denominador comum), argumenta Serva.

Quando se trata de acontecimentos que se desenvolvem no tempo, aqueles muitos próprios do âmbito da história (como são as guerras), esse ritmo se renova: após o esquecimento e o relaxamento da atenção (a cada grande novidade), uma nova notícia sobressalta o leitor e renova seu estado de alerta.

Não há espaço nem tempo para ir a fundo nas causas dos conflitos, muito menos de retomá-las quando fatos de maior destaque ocorrem. A fim de tornar os fatos algo "simples, claro e objetivo", pratica-se uma redução deles que frequentemente transforma uma história complexa em algo maniqueísta.

Além de reduzir as facetas da notícia para torná-la mais compreensível e omitir muito da história ou para não cansar o consumidor ou por limitações não transponíveis de espaço,

> a redução do fato no jornalismo contemporâneo muitas vezes reflete inadvertidamente adesões históricas que superam o papel de cada repórter e o remetem para histórias longínquas do país [...]. Esse comportamento pode ser involuntário da parte de cada repórter isoladamente, mas revela que nas operações de redução também operam elementos culturais e ideológicos arraigados, e não só a observação de campo.

Sem dúvida, foi esse fenômeno da adesão – intencional ou não – aos paradigmas culturais e históricos da nacionalidade do correspondente que se verificou na cobertura dos repórteres brasileiros, americanos e de outras nacionalidades na Segunda Guerra Mundial e na maioria dos conflitos armados, inclusive no dos EUA contra o terrorismo islâmico fundamentalista após o 11 de setembro de 2001.

É verdade que esse tipo de problema ocorre com toda a correspondência internacional (e com todo o jornalismo, afinal). Mas ele se mostra de modo mais intenso e ostensivo – porque ali o que está em jogo é literalmente mais vital – no caso da correspondência de guerra.

Vietnã fora da rota

Por isso, é tão impressionante como saiu da rota a maneira como se comportaram muitos correspondentes de guerra americanos no conflito do Vietnã, nas décadas de 1960 e 1970. Trata-se de um ponto tão completamente fora da curva que é muito pouco provável que jamais volte a ocorrer.

Há muitos livros que tratam das razões para essa excepcionalidade. Um deles é *Big Story*, de Peter Braestrup, que foca na cobertura da ofensiva do Tet (ano novo lunar), em 1968, o ponto de inflexão da maneira como a mídia americana tratou da Guerra do Vietnã.

Braestrup, que era o chefe da sucursal do *Washington Post* em Saigon no período, demonstra que a reação dos jornalistas aos acontecimentos foi surpreendentemente pouco acurada em relação aos fatos, como se verificaria depois, apesar de ter sido à época, saudada como arrojadamente fiel a eles.

Até o Tet, o jornalismo americano se comportava no Vietnã mais ou menos de acordo com o padrão tradicional. Braestrup comprova que os grandes veículos de comunicação davam pouca relevância, investiam insuficientemente na cobertura da guerra e não tinham nenhuma disposição crítica para se contrapor às versões oficiais dos comandos militares, para quem a vitória dos EUA no Vietnã era questão de tempo.

O choque da ofensiva do Tet foi que, de repente, como um raio em céu azul, os inimigos estavam dentro de Saigon, à porta da embaixada dos EUA e dos centros simbólicos de poder do governo do Vietnã do Sul. Isso era nada menos do que inconcebível para a população americana e a maioria dos seus jornalistas e parecia indicar que tudo estava perdido.

A ofensiva do Tet foi descrita pelos jornalistas como uma derrota militar formidável para os EUA e para o Vietnã do Sul. De fato, não foi. Mas ela despertou a mídia, que concluiu ter agido muito mal nos anos anteriores em relação ao Vietnã e resolveu compensar adotando atitude de independência e até desafio diante do governo de Washington e dos militares em campo.

O comportamento alinhado com as supostas necessidades patrióticas da mídia americana antes do Tet é muito bem representado por um incidente descrito por Phillip Knightley em *A primeira vítima*.

A legendária Martha Gellhorn, considerada uma das principais expoentes da correspondência de guerra, ex-mulher de Ernest Hemingway, veterana da Espanha, China, Finlândia e de muitas campanhas da Segunda

Guerra, viu recusada por todos os veículos de comunicação americanos a série de reportagens que produzira no Vietnã em que mostrava as condições de hospitais e orfanatos sul-vietnamitas em 1966 e 1967.

Quem a publicou foi o britânico *The Guardian*. Em represália, as Forças Armadas dos EUA nunca mais a credenciaram para voltar a trabalhar no Vietnã. Essas reportagens podem ser lidas no livro *A face da guerra*, compilação de alguns dos melhores textos de Gellhorn.

A síntese do que ocorreu no Tet foi produzia com grande eloquência por Walter Cronkite, âncora do telejornal CBS Evening News e personalidade pública de grande credibilidade, que, ao ler os primeiros despachos sobre a ofensiva, exclamou: "Que diabos está acontecendo? Eu achava que nós estávamos ganhando a guerra". Ou pela manchete do *Washington Daily News* de 1º de fevereiro, o dia seguinte ao Tet: "Onde nós estávamos? Onde nós estamos?".

Em parte esse comportamento se justifica com o clima geral que se vivia na segunda metade da década de 1960 nos EUA e em quase todo o Ocidente, de completo questionamento dos valores morais e políticos até então vigentes. Os correspondentes de guerra, integrantes da elite intelectual, compartilhavam o estado de espírito dos seus colegas que faziam a revolução nas ruas e nos campus universitários nos EUA e na Europa.

O *establishment* militar reagiu a essa rebeldia com perplexidade similar à que demonstraram reitores, policiais e líderes nacionais, de Lyndon Johnson a Charles De Gaulle, e abriu um espaço de liberdade para o exercício do jornalismo crítico sem igual antes ou depois na história das relações entre Forças Armadas e repórteres em guerras.

O gosto da guerra

A Guerra do Vietnã é um capítulo importante também na história do jornalismo brasileiro porque o repórter José Hamilton Ribeiro se tornou uma de suas vítimas. Em 1968, logo depois da ofensiva do Tet, a revista *Realidade*, provavelmente um dos melhores veículos de todos os tempos da imprensa deste país, o mandou para lá para uma missão que deveria ter durado 40 dias.

No quadragésimo dia, o fotógrafo japonês *free lance* que o acompanhava lhe pediu que fosse com ele em busca de melhores imagens para ilustrar a capa da revista numa operação de limpeza de uma área minada no norte do país. Ribeiro pisou numa mina e perdeu uma perna. Suas memórias desse acidente estão no livro *O gosto da guerra*.

No prefácio que produziu para *Diário de Bagdá*, em que seu genro Sérgio Dávila e o repórter-fotográfico Juca Varella relatam suas experiências como correspondentes de guerra no Iraque, Ribeiro escreve:

> Guerra é sempre coisa ruim, melhor fora viver sem ela, mas isso tem sido impossível, irreal. [...] Agora, se a guerra existe, melhor é existir com jornalista do que sem ele. Guerra sem jornalista junto, sem a presença dessa testemunha às vezes tão incômoda e até soberba, é pior do que a própria guerra. O homem aí, o combatente, fica liberado para ser a fera que o ser humano traz dentro de si. Haja horror!

Ribeiro tem razão. Apesar de todas as limitações com que trabalha nas guerras, as quais o induzem a erros muitas vezes involuntários, o jornalista é um freio a ações mais selvagens de quem por qualquer motivo ultrapassa os limites da humanidade.

Se um correspondente estivesse ao lado do tenente William Calley em 16 de março de 1968 no vilarejo de My Lai, no Vietnã do Sul, teriam seus soldados praticado o massacre de cerca de 500 civis, muitos deles estuprados, torturados e mutilados antes de morrer? Se um repórter estivesse "encaixado" na prisão de Abu Ghraib no Iraque em 2004, teriam os soldados Sabrina Harman, Lynndie England e outros humilhado, torturado, ferido e matado os prisioneiros que estavam sob sua guarda como o fizeram? E quantos My Lai e Abu Ghraib não deixaram de ocorrer porque os meios de comunicação divulgaram massivamente essas atrocidades quando souberam delas e puderam comprovar sua ocorrência?

A imagem pública do correspondente de guerra talvez lhe atribua mais virtudes do que o desempenho médio dos seus praticantes possa autorizar. No entanto, o efeito líquido para a melhoria da humanidade (ou ao menos para a contenção de sua degradação absoluta) é provavelmente muito positivo, ainda mais quando se leva em conta o alto grau de sacrifício físico, de conforto e de segurança individual associado à atividade. Não é à toa que o correspondente de guerra é a especialidade mais importante da correspondência internacional.

A cultura da tribo

Stephen Hess, em seu livro *International News & Foreign Correspondents* assim define o conjunto de valores implícitos na maneira como agem os que praticam esse ofício: "Na correspondência internacional, como na docência universitária, na edição de livros ou na engenharia de automóveis, há uma cultura distinta, um amálgama de atitudes, práticas e ideias que dão forma ao comportamento de todos os envolvidos no processo".

A esse conjunto, vou aqui chamar de "cultura dos correspondentes internacionais", uma apropriação talvez abusada do conceito de "cultura", que Raymond Williams classifica como "uma das duas ou três palavras mais complicadas" em seu livro *Palavras-chave*.

Talvez fosse mais adequado falar em "subcultura" ou talvez até mesmo nem chegar perto do conceito, já que é tão pequeno o número de integrantes desse grupo, dos correspondentes internacionais, e provavelmente sua maneira de ser seja tão parecida com a categoria dos jornalistas em geral. Mas, já que este não é um texto acadêmico, vou me permitir a liberdade.

É claro que a definição dessa tipologia é arbitrária, que ela assume particularidades distintas em cada país e cada época, que nenhum indivíduo a incorpora completamente e que muitos agem de modo que se distancia dela. Mas, de qualquer modo, há um "estado de mente" que uma pessoa deve ter para se propor a exercer essa ocupação e que mais ou menos orienta seu processo de tomada de decisões enquanto ela está em atividade.

O antropólogo sueco Ulf Hannerz, no já citado *Foreign News*, muito provavelmente foi o pioneiro nessa abordagem em relação aos correspondentes. Ele se propõe a estudá-los sob o ponto de vista de sua ocupação profissional. A ocupação é a categoria que os define no trabalho de Hannerz, o que se ajusta muito bem com os propósitos deste livro – com a diferença de que Hannerz, ao contrário deste autor, não se enquadra na mesma categoria.

Na apresentação do livro de Hannerz, o também antropólogo Anthony Carter diz que os correspondentes "pertencem a uma comunidade de prática que se espalha pelo mundo de uma forma organizada, mas notavelmente desigual [...] e se engaja na produção e na organização de fluxos de cultura". Esses fluxos podem ser definidos como "os sentidos que as pessoas criam e que criam as pessoas e as formas de divulgação pelas quais esses sentidos se tornam públicos – através de consideráveis distâncias físicas e sociais".

Hannerz argumenta que, embora obviamente os correspondentes não se conheçam todos uns aos outros, há "padrões de relativa coesão" entre eles, derivados de um senso de compartilhamento de experiências, valores e tipos comuns, que quando qualquer um interage com outro pode criar uma rede de relações a que se pode chamar de comunidade, por mais que esse conceito esteja sujeito a discussões pelos seus usos anteriores, estritos ou vagos.

Desse modo, parece haver pelo menos algum respaldo teórico de boa qualidade científica – Carter, doutor pela Universidade de Cambridge, é o organizador das palestras Lewis Henry Morgan, da Universidade de Rochester, e Hannerz é professor emérito da Universidade de Estocolmo –, ainda que recente, para o tipo de especulação sobre um conjunto de valores comum aos praticantes do ofício de correspondentes, essa "tribo" dentro do jornalismo.

Este capítulo descreve esse "estado de mente", conforme percebi na comunidade de colegas em especial brasileiros nos EUA na virada do século XX para o XXI.

Para dar algum tipo de materialidade às hipóteses, vou citar casos reais que ocorreram comigo ou com outros. Espero ser fiel ao que aconteceu, mas a memória pode sempre nos trair. Afinal, a tarefa de reconstituir a verdade a partir de relatos verbais é quase impossível, como comprovam autores como Jorge Luis Borges, Antonio Tabucchi e Paul Celan, entre muitos outros.

Infelizmente, não segui o exemplo de John Reed, William Schirer e outros grandes correspondentes, que levaram consigo pelo mundo e pela vida seus cadernos de anotações e diários. Por isso, não tenho como me valer de documentos para comprovar minha versão desses fatos de que me recordo. Procurarei ser o mais discreto possível quando citar nomes de outros e me desculpo por qualquer constrangimento que possa criar com a menção deles nesses episódios.

CAMARADAGEM E COMPETIÇÃO

Se o patrono do correspondente internacional na realidade é George Washburn Smalley, seu protótipo na ficção é William Boot, o já citado anti-herói de *Furo!*, romance de 1938 escrito por Evelyn Waugh, um dos grandes autores da literatura inglesa na virada do século XIX para o XX.

O livro é leitura indispensável para um correspondente, recomendado pelos veteranos aos iniciantes, porque ele – apesar de já ter 70 anos de idade – traça um ótimo retrato da fraternidade dos correspondentes, que quase sempre se agrupam como uma espécie de gueto nas cidades onde estão servindo, alimentando-se reciprocamente de informações, histórias, pequenas e grandes mentiras, suporte emocional, experiências úteis.

O romance se passa no fictício país africano de Ismaélia, provavelmente inspirado pela atual Etiópia, onde Waugh trabalhou como correspondente para o *Daily Mail* durante a invasão da Abissínia pelas tropas da Itália fascista.

O personagem principal, William Boot, é um jovem que escreve uma coluna sobre jardinagem para o jornal *Daily Beast* e é mandado por engano (os editores o confundiram com outro jornalista com o mesmo sobrenome) para a África para cobrir a iminente guerra. Waugh faz uma sátira divertida e aguçada do comportamento dos correspondentes de seu tempo, que são muito parecidos com o dos atuais.

> Todos decidiriam dormir no [Hotel] Liberty. Mrs. Jackson sugeriu que ocupassem quartos vagos nas pousadas de seus amigos.
>
> – Não – responderam eles. – Vamos dormir com a turma toda.
>
> A turma superlotou o hotel. Havia quase cinquenta. Sentados, em pé ou encostados nas paredes, instalaram-se no salão e pela sala de refeições; alguns cochichavam no ouvido de outros, imaginando guardar segredo; outros caçoavam e ofereciam gim. A conta dessa hospitalidade seria paga por seus patrões, mas todos procuravam seguir as convenções.
>
> – A rodada é minha, meu velho...
>
> – Marca essa para mim.
>
> – Está bem, mas a próxima é minha...

Esse trecho de *Furo!* é muito característico do jeito de ser dos correspondentes. Quase todos querem quase o tempo todo estar junto uns dos outros. Pode ser por causa do receio de deixar de ter uma informação que os outros terão. Mas também pode ser porque todos eles são estrangeiros, sentem-se fragilizados, não têm conexões, suas redes de segurança lhes parecem menos confiáveis do que as que têm em seus países.

O sentimento de ser estranho provavelmente alimenta a camaradagem entre os que se encontram em situação parecida com a sua. Além de estarem no mesmo barco (que lhes é novo), os correspondentes sabem que – no limite – dependem um do outro, embora na prática concorram entre si.

Acho que poucos exemplos ilustram tão bem esse traço do modo de ser do correspondente como a maneira como eu fui recebido em Washington pelo correspondente do jornal que era o grande adversário do meu. É claro que a enorme generosidade de Moisés Rabinovicci, de *O Estado de S. Paulo*, e de sua mulher, Cyra, extrapola completamente o perfil típico do correspondente.

Ele simplesmente cedeu a sua própria casa para que eu, recém-chegado para ser seu concorrente pela *Folha de S.Paulo*, e minha família nos hospedássemos até alugarmos a nossa, o que fizemos graças à ajuda da corretora de imóveis que era amiga de "Rabino", que, além disso, nos deu todas as dicas possíveis, nos levou a todos os lugares necessários para que nossa instalação na cidade pudesse ser rápida, simples e eficaz e para que eu começasse a trabalhar logo.

A motivação de "Rabino" ao me ajudar na mudança e acomodação em Washington derivava apenas de sua bondade. Mas outros jornalistas que agem de modo similar argumentam que seu comportamento se deve a uma bem pensada estratégia – ou talvez eles digam isso só para manter a imagem de cinismo que muitos acham indispensável à condição de jornalista.

Como Michael Kauffman, do *New York Times*, explicou a Bradley Martin, do *Baltimore Sun*, após lhe ter dado inúmeras dicas sobre como se sair bem em Nova Délhi, onde havia acabado de chegar para ser correspondente: as pautas têm importância de zero a dez e só as que são acima de nove são de fato importantes; não faz sentido brigar por causa das que não têm quase nenhuma importância, é melhor cooperar com os adversários em todas essas e reservar o esforço competitivo apenas para as que valem a pena.

Logicamente, cada correspondente deseja sair-se melhor que os outros, ter suas reportagens e entrevistas exclusivas, as quais não cogita dividir com os demais. São contendores entre si, sem dúvida, por mais que sejam cordiais e cooperativos no plano privado, familiar. A tensão natural da dualidade concorrência/companheirismo é uma das características mais marcantes da cultura do correspondente internacional.

Curiosamente, a rivalidade é, em geral, mais intensa entre colegas do mesmo veículo do que entre jornalistas de meios de comunicação diversos. Há muitos exemplos internacionais e brasileiros. John Maxwell Hamilton conta a história de Margueritte Higgins e Homer Bigart, que cobriram juntos a Guerra da Coreia para o *New York Herald Tribune* e ficaram meses sem se falar.

Foi preciso um colega de outro jornal estabelecer uma trégua entre os dois porque, de acordo com ele, a antipatia recíproca era tamanha que ambos corriam riscos desnecessários nos campos de batalha apenas para não se encontrar. O fato de um ser homem e outra mulher numa época em que mulheres ainda eram estranhas no clube dos correspondentes pode ter sido uma agravante na difícil relação entre os dois.

Testemunhei um caso em Washington em que um jornal concorrente da *Folha* perdeu uma entrevista exclusiva com o presidente George H. Bush porque a Casa Branca não sabia qual dos dois correspondentes daquele jornal devia chamar, já que ambos haviam feito a solicitação separadamente. Também é conhecida a desavença pública e extrema entre dois jornalistas da *Folha* durante a conferência mundial sobre o meio ambiente no Rio em 1992, quando o jornal deslocou vários de seus correspondentes ao Brasil para ajudarem na cobertura do evento.

Coletivo é coletivo

Há uma regra tácita mais ou menos básica entre correspondentes: se uma informação é coletiva, não faz mal passá-la a quem por algum motivo não conseguiu obtê-la diretamente.

Em geral, o correspondente trabalha sozinho e a pauta muitas vezes é vasta (três ou quatro assuntos por dia), o que pode fazer com que ele não esteja, por exemplo, num anúncio público ou em uma entrevista aberta a todos.

Também pode ocorrer de um problema doméstico impedi-lo de ir a um desses eventos. Nesses casos, é praxe um colega com quem se dá bem lhe passar o que ouviu e anotou.

Às vezes, essa prática é até institucional na forma dos *pools*, quando as circunstâncias impedem a presença de todos os correspondentes num certo local. Por exemplo: quando o presidente Fernando Henrique Cardoso foi recebido pelo papa João Paulo II, já muito idoso, no Vaticano, em 2000, a Santa Sé determinou que apenas quatro jornalistas poderiam acompanhá-lo.

O Palácio do Planalto fez um sorteio entre as dezenas de correspondentes brasileiros que lá estavam. Os quatro sorteados (eu fui um deles) logo após deram uma "coletiva" aos que ficaram de fora.

Mas não havia como dar aos demais o terço abençoado que o Santo Padre deu aos que entraram (o que coube a mim, presenteei a minha mãe). Os setoristas da Casa Branca (e creio que os da maioria dos palácios presidenciais, inclusive o do Brasil) usam com constância o sistema de *pools*.

Outra razão muito pragmática para a cooperação entre correspondentes rivais é dada por Robert Casey, do *Chicago Daily News*, conforme citação feita por John Maxwell Hamilton em *Journalism's Roving Eye*: "As pessoas que vivem da indústria do jornalismo podem ser anônimas para o resto do mundo mas nunca o são entre si mesmos [...]. Eles se entendem um ao outro e, mais notavelmente, eles se conhecem um ao outro".

Quer dizer: o número de correspondentes internacionais – ou mesmo de jornalistas como um todo – é relativamente pequeno, assim como o de seus possíveis empregadores.

O adversário de hoje pode ser seu colega de redação amanhã; o subalterno de agora pode ser seu chefe depois; atitude positiva com alguém pode ser útil em algum momento; vingança é um prato que se come frio e jornalistas costumam ter boa memória.

Portanto, cautela no relacionamento com os colegas nunca é demais, mesmo que não seja apenas para atender à ética e aos bons costumes.

Agir em conjunto com os demais colegas correspondentes pode ajudar a aumentar a eficiência e adicionar valor ao trabalho de todos. Por isso, é comum ver concorrentes dividir despesas, trocar ideias sobre maneiras de abordar um assunto, passando conhecimento prévio sobre pessoas que vão ser entrevistadas em conjunto por eles.

No caso de trabalho em países com regimes autoritários ou ditatoriais, trabalhar em equipe pode até se tornar uma necessidade básica de segurança ou no mínimo uma forma de aumentar o capital político e o poder de barganha de todos ante as autoridades locais.

As regras informais de cooperação variam, evidentemente, com o local, a época e o país dos correspondentes. Ela é maior entre jornalistas de veículos que não concorrem diretamente entre si: um jornal e uma emissora de rádio, jornais de países diferentes, uma emissora de TV e uma revista. Ela aumenta em situações de risco generalizado de segurança para estrangeiros (como em casos de guerra civil ou guerra de guerrilhas em países como os da África ou da América Central na segunda metade do século XX), ou diminui quando a competição ou a rivalidade política entre os veículos representados pelos correspondentes se intensifica na sede.

Muitas vezes, o sucesso de um colega nacional é celebrado com genuína alegria pelos demais. Sempre que ia à casa de Flavia Sekles, por exemplo, e via a foto dela com o presidente Ronald Reagan, na entrevista exclusiva que ela fez para a *Veja* em 1986, sentia orgulho pelo seu feito e tenho certeza de que muitos outros correspondentes brasileiros também sentiam o mesmo.

O grande furo mundial de Luiz Carlos Azenha, que foi o primeiro jornalista não soviético a entrevistar Mikhail Gorbachev, em 1988, numa situação em que demonstrou algumas das características de personalidade essenciais para o sucesso de um correspondente (adiante o caso será tratado com mais detalhe), também foi objeto de sincera comemoração entre seus colegas compatriotas.

Em muitos países, como no Brasil, por exemplo, os correspondentes estrangeiros formalizam sua cooperação e fundam associações ou clubes, com estatutos, sede, diretoria. Essas entidades trabalham a favor dos interesses comuns de seus sócios, promovem atividades que beneficiam a todos, até publicam livros sobre seu trabalho.

Em outros países, como EUA, Japão, Israel, o governo nacional ou alguma associação profissional local coloca à disposição dos correspondentes estrangeiros facilidades como salas, bibliotecas, organização de viagens de trabalho e entrevistas coletivas. Esses arranjos costumam aumentar a coesão entre os correspondentes sem prejudicar os interesses específicos de cada um.

HIERARQUIZAÇÃO

Há uma clara hierarquia na tribo dos correspondentes. Quem trabalha para os veículos mais prestigiados costuma se imbuir da condição de superior aos demais, que – mesmo a contragosto – a acatam. Estar a serviço da Rede Globo de televisão ou alguma rede de grande audiência nacional dá ao correspondente um *status* mais elevado do que o do que representa uma rádio de interior, por exemplo.

E essa regra não é provincianismo brasileiro. Nos EUA, ela também vale. No avião fretado para jornalistas que acompanhavam viagens do presidente pela Casa Branca, como a de Bill Clinton ao Chile em 1999, o preço cobrado pelo governo americano era o mesmo para todos os veículos, mas as cadeiras de primeira classe estavam tacitamente destinadas aos correspondentes da CNN, CBS, ABC e NBC, as grandes redes de televisão da época. E eu não vi ninguém contestar esse acerto informal.

Quem representa jornal ou revista de influência nacional está acima de quem trabalha para veículos regionais.

Quem consegue ver publicados artigos ou análises se posicionam melhor na hierarquia do que quem escreve só notícias.

Vencedores de prêmios jornalísticos nacionais ou internacionais também são vistos como integrantes das posições mais altas da hierarquia.

O correspondente com vínculos empregatícios regulares com um veículo está acima dos *free lancers* e dos *stringers*, estes tratados por alguns entre aqueles com certa dose de humilhação sádica. Muitos se referiam aos "frilas" debochadamente como "cinquentinha" (porque recebiam, no início da década de 1990 nos EUA, mais ou menos US$ 50 por matéria enviada).

Senioridade dá mais estrelas nas divisas do correspondente: os mais idosos e os que tiveram cargos de chefia na sede estão, em geral, acima na escala hierárquica.

Tempo de permanência na cidade também acrescenta pontos no *ranking* dessa tribo. Quanto mais, melhor. Nesse quesito, o grau mais baixo é o do chamado "paraquedista", que fica apenas algumas semanas num local, em função de algum acontecimento importante, e logo vai para outra missão.

Não é a mesma situação do enviado especial, que em geral é jornalista graduado e que cobre eventos específicos apenas por alguns dias. O "paraquedista" (não muito comum no jornalismo brasileiro, mas muito frequente no dos EUA em anos recentes por questões de economia) é uma espécie de *stringer* itinerante.

A superioridade hierárquica se manifesta quase sempre de forma sutil, não implica grandes benefícios aos que estão acima e raramente é contestada pelos que estão abaixo. Em geral, os superiores têm precedência para perguntas em entrevistas coletivas menos estruturadas, são saudados em primeiro lugar por autoridades ou figuras públicas que os conhecem bem.

Como regra, os diversos tipos de correspondente em ordem de hierarquia decrescente podem ser assim classificados: correspondentes fixos de veículos estabelecidos (a influência e o prestígio do veículo e o tempo de permanência no posto funcionam como critérios de hierarquia nessa categoria) estão no topo do grupo; depois vêm os *free lancers* fixos, os *free lancers* casuais, os *stringers* (jornalistas ou não jornalistas que moram numa cidade e são acionados episodicamente), os *stringers* nacionais (com pouca ou nenhuma identidade cultural com o país que é sede do veículo para o qual produzem material esporádico).

É claro que essas normas de hierarquia na tribo dos correspondentes não são institucionalizadas nem tampouco rígidas; elas admitem muitas variações e exceções. Estas, aqui descritas, eram, segundo minha percepção, as que valiam para o segmento da tribo definida pela condição de brasileiro na virada do século XX para o XI.

Nos veículos americanos, os correspondentes estrangeiros costumam voltar à sede para assumir cargos de comando. Nos veículos brasileiros, não é incomum jornalistas que tiveram cargos de comando na sede se tornarem correspondentes internacionais, às vezes para acomodar desentendimentos políticos internos, às vezes como uma forma de "premiação por serviços prestados".

País de origem influi

A importância relativa do país para o qual o correspondente trabalha em relação àquele em que está operando também influi na posição que ele ocupa na hierarquia tanto doméstica (entre os colegas jornalistas) quanto social.

O correspondente do *New York Times* no Brasil é mais importante que o da *Folha* nos EUA. Mas o de um jornal importante brasileiro na Argentina pode estar em nível similar ou até superior ao do correspondente de agência de notícias ou de um veículo americano ou europeu.

O correspondente de países cuja nacionalidade constitui comunidades cultural ou eleitoralmente de relevo nos países onde trabalha também costuma ter *status* superior. No caso dos EUA, por exemplo, os correspondentes mexicanos tinham (e ainda devem ter) posição melhor do que os brasileiros, os irlandeses melhores que os eslovacos.

O assunto da pauta também determina a posição na hierarquia. Se o tema é Brasil no exterior, o correspondente brasileiro costuma ficar acima dos de outros países e mesmo dos repórteres locais. Numa coletiva do presidente do Brasil ou do ministro da Fazenda em Washington, por exemplo, a prioridade das perguntas será para os brasileiros, não para os americanos, europeus ou latino-americanos.

O domínio da língua, inclusive, é uma forma de impor mais ostensivamente essa superioridade. Muitos correspondentes brasileiros, mesmo cientes da presença de estrangeiros que não falam bem o português, fazem perguntas em português e a tendência da autoridade brasileira é responder também em português.

Mas quando o assunto é do país local, o correspondente brasileiro fica lá embaixo na escala hierárquica. Ainda mais quando é novato e não conhece bem os costumes nativos.

Minha primeira participação em entrevista coletiva nos EUA, em 1976, foi inesquecível. O pré-candidato democrata à Presidência Morris Udall a concedeu em Michigan. Passei o tempo todo levantando a mão para tentar fazer uma pergunta e os colegas americanos berravam as suas, cada um em tom de voz mais alto que o outro. Entrei mudo e saí calado.

Andrew Greenless, que foi corresponde júnior da *Folha de S.Paulo* em Washington em 1988, relata uma das respostas que ouviu do assessor de um político americano quando tentou entrevistá-lo sobre um tema doméstico dos EUA: "O senador adoraria falar ao seu jornal, mas no momento está tentando uma reeleição e ele não tem voto no Brasil".

As autoridades americanas podem ser extraordinariamente abertas a falar com correspondentes de outros países, mesmo quando o tema não faz parte da agenda bilateral, mas elas sabem bem quais são as suas prioridades e não abrem mão delas quando necessário.

A hierarquia às vezes também pode privilegiar quem está na sua base, em algumas situações. Os assessores de imprensa do presidente Bill Clinton, por exemplo, usavam uma estratégia interessante quando seu chefe ia para um encontro em que assuntos constrangedores para ele poderiam ser levantados pelos jornalistas americanos: eles o orientavam a chamar correspondentes que seguramente iriam tratar de um tema neutro.

Por exemplo, Clinton dava com frequência a palavra a um correspondente do *India Globe*, cujas perguntas invariavelmente diziam respeito ao Paquistão. Quando Clinton não queria falar sobre Monica Lewinsky ou algum outro escândalo, o Paquistão era ideal para baixar a temperatura da coletiva e elevar o grau de irritação dos jornalistas americanos.

Essa estratégia irritava os setoristas americanos da Casa Branca. Muitas vezes eles dirigiam sua insatisfação contra os colegas estrangeiros, não contra os assessores ou o próprio presidente. Houve situações em que os americanos chegaram a ofender alguns correspondentes internacionais.

Um deles, John Szostak, da Polônia, processou repórteres americanos por difamação (ele perdeu a ação), após um bate-boca entre eles na sala de imprensa da Casa Branca (que, até a reforma realizada entre 2006 e 2007, era um anfiteatro em más condições, pequeno, em que os jornalistas se acotovelavam e tinham grande dificuldade para se acomodar; o local havia sido a piscina da Casa Branca, até o presidente Nixon resolver fechá-la em 1969 e transformá-la em sala de imprensa; todos os jornalistas credenciados na Casa Branca podem participar do *briefing* diário e das coletivas que ali se realizam).

O Brasil importante

Em geral, no caso dos EUA, o que um correspondente brasileiro escreve a respeito do país ou mesmo de pessoas públicas americanas pouco interessa a alguém de lá. Em todos os meus anos de correspondente nos EUA, nunca recebi uma mensagem de aprovação ou desaprovação de nenhuma autoridade americana a qualquer despacho meu publicado. Com uma única exceção.

Em 1997, quando as negociações para a Alca estavam particularmente intensas e Brasil e EUA discordavam muito, obtive cópias de documentos que comprovavam que Charlene Barshefsky, chefe do USTR (United States Trade Representative – escritório subordinado à Casa Branca e responsável pelas decisões de comércio exterior do país), havia anos antes trabalhado em um escritório de *lobby* e advocacia que tinha entre seus clientes empresas do México, às quais ela havia pessoalmente servido durante o processo de negociação do Nafta.

A legislação americana proíbe que a pessoa à frente do USTR tenha trabalhado para estrangeiros num determinado período de tempo anterior à sua posse. Barshefsky, segundo os documentos que eu tinha em mãos, se encaixava nesse impedimento e podia até sofrer um processo de *impeachment* ou ser obrigada a se afastar do cargo.

Recebi um telefonema absolutamente irado do seu assessor de imprensa quando a reportagem foi publicada, em 31 de janeiro de 1997, sob a manchete "Ministra esconde *lobby* pró-México" e outro, no dia seguinte, quando a *Folha* publicou um editorial a respeito, intitulado "A raposa e o galinheiro", no qual afirmava:

> Disputas comerciais são tão antigas quanto a atividade econômica organizada. Mas também nesse terreno é necessário garantir um

> respeito mínimo às regras do jogo. No caso dos EUA, parece claro que o presidente Clinton colocou uma raposa para tomar conta do galinheiro.

O assessor de Barshefsky ficou furioso, chamou-me de "irresponsável", embora ele tenha sido informado previamente do que trataria a reportagem e tenha até recebido, antes da publicação, uma cópia dos documentos que seriam divulgados pelo jornal, os quais, segundo ele, não comprovavam nenhum desrespeito à legislação americana vigente.

A revelação da *Folha* teve repercussão na mídia e no Congresso dos EUA. A lei que Barshefsky havia aparentemente violado era de 1995, de autoria do senador Bob Dole. A maneira com que o governo Clinton solucionou o problema foi alegar que a lei fora sancionada quando Barshefsky já respondia interinamente pelo USTR. Portanto, como ela ainda não existia quando Barshefsky ocupava o cargo, não poderia puni-la retroativamente. Em resposta à *Folha*, Barshefsky não negou que tivesse trabalhado a favor de empresas e associações de classe mexicanas quando era parte da banca de direito Steptoe & Johnson, que também tinha entre seus clientes o próprio governo do México. Mas disse que sua atuação fora apenas "promover o livre comércio entre México e EUA" e que nunca havia feito *lobby* junto ao Executivo ou Legislativo dos EUA. O pedido do governo Clinton para que a aplicação da lei de Bob Dole não ocorresse no caso Barshefsky foi aprovado pelas duas casas do Congresso. Barshefsky permaneceu no cargo até o início da administração Bush, em 2001.

O correspondente da *Folha* nunca teve dificuldades para obter informações públicas do USTR depois do incidente, mas nem se arriscou a pedir informações ou entrevistas exclusivas a partir dele.

MOTIVAÇÕES

Marjorie Miller, correspondente desde 1985 do *Los Angeles Times* na América Latina, na Europa e no Oriente Médio, costuma responder à pergunta sobre suas motivações para escolher essa atividade dizendo que elas foram "egoístas", já que ela adorava escrever e viajar, e essas são duas das principais atividades de um correspondente.

Concordo que provavelmente os prazeres pela escrita e pela viagem estão entre os principais fatores que levam uma pessoa a querer se tornar correspondente internacional.

Das entrevistas com 117 correspondentes de diversas nacionalidades para seu livro, Ulf Hannerz concluiu que outro motor frequente para as pessoas que optam pela correspondência é o desejo de educar os outros, de espalhar a noção de cosmopolitismo.

Há aqueles que julgam estar ajudando a melhorar o mundo quando se decidem pela correspondência internacional. Foi o caso, sem dúvida, como se verá no capítulo que trata de sua vida, de John Reed, um idealista que queria testemunhar as grandes revoluções sociais de seu tempo, participar delas e relatá-las para centenas de milhares de pessoas com a esperança de que seus textos pudessem ter um efeito multiplicador.

Às vezes, o desejo de servir ao próximo pode ser nobre, mas atrapalha a boa produção jornalística. Afinal, jornalismo não é atividade de caridade. Ao misturar as duas coisas, é possível prejudicar ambas e principalmente aqueles que se pretende ajudar.

Uma situação assim é retratada no filme *Bem-vindo a Sarajevo*, em que um correspondente quer manter obstinadamente na pauta reportagens sobre um orfanato que precisa de ajuda e é contraditado por um colega que lhe diz: "Isso não é notícia, isso é campanha". A oposição entre boas intenções e profissionalismo é constante no jornalismo e visível na correspondência internacional.

Muitos acham que se trata só de "um trabalho como outro qualquer", ao qual chegaram por acaso ou necessidade. Para outros, a correspondência é encarada como um modo de subir na vida, já que ela em geral é associada a prestígio e bons salários.

Mesmo que, nesses casos, não tenha havido uma intenção premeditada, é muito provável que a escolha por esta atividade, entre diversas outras que certamente aparecem na vida de uma pessoa, revele traços já existentes na sua personalidade que a predispunham para esta opção, quando a oportunidade chegasse.

Razões inconscientes

Evidentemente, há razões psicológicas, das quais o correspondente nem está necessariamente consciente, que devem levar uma pessoa a procurar tal tipo de ocupação e que somente um bom analista poderá descobrir e revelar, caso a caso. Suspeito que muitos resolvam ser correspondentes internacionais para fugir de problemas familiares ou emocionais cujas causas atribuem a seu país natal.

Alguns fugiram de modo bem consciente e às vezes por falta de alternativa, quando foram perseguidos por regimes opressivos em seus países ou quando se sentiram especialmente incomodados pelas condições de vida em sua própria pátria.

Como se verá mais adiante, Henry Miller sugere que John Reed levou o tipo de vida que levou porque não era capaz de encarar seus próprios problemas íntimos. É possível que muitos correspondentes, mesmo sem consciência disso, tenham escolhido uma profissão que é totalmente absorvente para não ter de lidar com as questões interiores que os atormentam ou pelo menos para esquecê-las por um tempo.

Há de haver quem tente encontrar na correspondência estrangeira um estilo de vida capaz de preencher os hábitos de intensa variedade de lugares e interesses que adquiriu numa infância e adolescência ricas de experiências. O oposto também pode ser verdadeiro: procurar um tipo de rotina diferente da vida pequena, monótona e aborrecida que teve na juventude.

Stephen Hess recebeu de diversos correspondentes que entrevistou a resposta de que resolveram desempenhar essa função porque é a menos "chata" possível e que eles detestavam trabalhos monótonos.

E nem deve ser muito improvável que portadores de desejos autodestrutivos e masoquistas achem na correspondência internacional a maneira de satisfazer seus instintos de modo ao mesmo tempo satisfatório e socialmente aceitável.

PERSONALIDADE

O correspondente estrangeiro é, e sempre foi, a inveja de seus pares, o desespero de suas famílias, o modelo de todo jovem jornalista ambicioso, a pedra ou a areia movediça em que seus editores vão pisar ou afundar. Com raras exceções, o correspondente bem-sucedido é *prima donna*, *workaholic*, egoísta e solitário, às vezes agressivo, às vezes dissimulado.

Essa descrição, sem dúvida desabrida e cândida, de sua personalidade e de seus pares é da britânica Victoria Brittain, que exerceu a atividade por mais de 30 anos.

De modo geral, no entanto, as características de personalidade que se adéquam com mais constância ao correspondente internacional bem-sucedido são muito similares às que definem os jornalistas como um todo.

Ou seja: capacidade de organizar o pensamento com lógica, curiosidade, domínio do idioma escrito, gosto pela leitura, disposição para trabalhar em condições adversas e com muito pouca folga, adaptabilidade a situações novas que mudam constantemente. E paciência, muita paciência.

Na introdução de seu livro sobre correspondentes internacionais, Ulf Hannerz diz que "talvez seja por causa da própria natureza de sua atividade que os jornalistas são mais ou menos sociáveis". Já que eles dependem muito da disposição de pessoas lhes falarem, é natural que se sintam na obrigação de reciprocidade quando alguém lhes pede que conversem. Essa sociabilidade é comprovada sempre pelas horas a fio que correspondentes gastam em papos entre si próprios durante as coberturas.

Mas talvez ela não seja tão explícita assim. Evelyn Waugh foi um bom exemplo de jornalista contraditoriamente misantropo e membro da fraternidade. Nos seus livros não ficcionais sobre os tempos de correspondente, descreve como relutava em se juntar aos demais em hotéis e bares, mas sempre cedia à força centrípeta pela necessidade já mencionada acima de dividir despesas e também informações que podiam ser comuns a todos. Apesar da aparência de total gregarismo, o correspondente internacional é frequentemente solitário.

Stephen Hess, que já foi e ainda será citado aqui, fez uma pesquisa com 764 correspondentes internacionais americanos, a quem perguntou quem foi o melhor colega que eles haviam conhecido e quais eram as características do escolhido que os levaram a se decidir por ele (ou ela). James Reston e Homer Bigart, ambos do *New York Times*, foram os dois mais votados, mas ambos ficaram com 6% e 5% dos votos, respectivamente, o que mostra a grande divisão de indicados e tira relevância estatística da escolha.

Mais interessante é examinar os traços de personalidade citados para descrever o melhor correspondente na opinião dos entrevistados, que foram muito constantes. Entre os mais citados, destacam-se: tenacidade, integridade, honestidade intelectual, humor, estilo próprio e característico no texto, humildade, curiosidade intensa, charme, capacidade de perceber a importância histórica de eventos.

Às vezes, as qualidades lembradas foram ausências de vícios de caráter que estão constantemente associados ao correspondente internacional, como definiu um *stringer* na Ásia não identificado por Hess, que disse sobre o colega que escolheu: "Ele não era um neurótico, prostituído, bandido e bêbado como 99% de todos os demais".

Coragem e agressividade

Coragem é um traço de personalidade importante para o correspondente de guerra e, muitas vezes, também para o que não vai a campos de batalha. A coragem física de jornalistas, em especial os que precisam registrar imagens, que cobrem conflitos, é impressionante. Eu não creio que disponha dela e admiro quem a tem.

Às vezes, no entanto, coragem excessiva pode significar imprudência e colocar em risco o sucesso e a boa qualidade do trabalho do correspondente. John Owen, que foi correspondente da CBC (rede de TV do Canadá) em diversas guerras, escreveu um excelente artigo publicado no *Media Studies Journal* (edição de primavera/verão de 2000), em que mostra algumas situações em que ele próprio, tendo sido corajoso demais, ameaçou a própria vida e a de outras pessoas sem nenhuma vantagem profissional.

Owen defende em seu texto que correspondentes de guerra passem por treinamento específico de segurança, similares aos que os soldados recebem. Há vários cursos desse tipo oferecidos atualmente e eles deveriam, de fato, ser obrigatórios para quem vai cobrir um conflito. Ele cita Bismarck: "Só os tolos aprendem com a experiência. Eu aprendo com os erros dos outros".

A cultura da tribo ainda valoriza muito características de personalidade associadas em geral ao mundo masculino, como a agressividade, embora o número de mulheres jornalistas em geral, e correspondentes internacionais em particular, tenha crescido muito.

Um romance recente, que vem sendo comparado a *Furo!*, fez grande sucesso de vendas e crítica que deverá ser em breve transformado em filme e chamado *The Imperfectionists*, trata desse aspecto. Nele, o autor, Tom Rachman, põe na boca de uma personagem a seguinte fala: "Os jornalistas são um bando de *nerds* fingindo ser machos alfa". Em entrevista à brasileira Lúcia Guimarães (*O Estado de S. Paulo*, 14/08/10), Rachman, canadense que foi correspondente da *Associated Press* e editor do *International Herald Tribune*, afirma sobre o estereótipo contido na frase:

> Não é que [os correspondentes] sejam agressivamente masculinos. Mas eles ficam seduzidos por essa imagem do correspondente ousado. Encontrei muita gente assim, pessoas que gostam mais de fazer o papel de jornalista do que de se comportar como um. [...] Acho que pensam estar numa posição privilegiada porque frequentam aqueles que tomam decisões. Eles se confundem com os objetos de suas reportagens.

Sem dúvida, há muito de pretensão, empáfia, arrogância mesmo, na maneira com que diversos correspondentes internacionais se comportam. É um dos menos agradáveis aspectos de sua personalidade, que torna complicado o relacionamento entre eles. Ainda mais porque, como a maioria dos jornalistas, muitos deles preferem conversar entre si. Mais ainda: escrevem uns para os outros, mais do que para o seu público. Há um traço de endogamia no dia a dia dos correspondentes, que ocasionalmente pode até se tornar um pouco patológico, tal a obsessão que uns acabam tendo com outros.

Presença de espírito

Como todos os jornalistas, o correspondente precisa ser curioso, traço de personalidade indispensável para o exercício da profissão. Também precisa conseguir se adaptar a situações novas com facilidade e eficiência, estar disposto a enfrentar inconveniências e desconfortos, ter a mente aberta para lidar com imprevistos e ter presença de espírito para aproveitar ao máximo as oportunidades que possam eventualmente lhe cair aos pés.

Luiz Carlos Azenha era um dos 5.365 jornalistas de 63 países que estavam em Moscou para cobrir a reunião de cúpula entre Mikhail Gorbachev e Ronald Reagan. No último dia, a entrevista coletiva dos dois líderes foi feita para um grupo de repórteres sorteados por país, já que não caberiam todos na sala do evento. Das TVs brasileiras, a Rede Globo foi sorteada. Azenha estava na Rede Manchete na época. Ele e a equipe foram para a Praça Vermelha; o cinegrafista Domingos Mascarenhas filmava imagens para contrapontos de matérias, quando um burburinho lhes chamou a atenção.

Gorbachev havia resolvido ir a pé de um compromisso a outro. Azenha e equipe correram em sua direção, levaram alguns trancos dos seguranças, mas ele conseguiu gritar em inglês algumas palavras, entre elas Brasil, e o líder soviético se interessou a ponto de parar e pedir à segurança que o deixasse se aproximar.

Azenha teve sangue-frio para formular de imediato uma questão sobre o Brasil, que Gorbachev não entendeu. Mas o premiê pediu a um assessor que traduzisse e outras poucas questões se seguiram. As cenas foram ao ar nos EUA e na URSS. Além de Azenha, Gorbachev falou, mais tarde, com um só jornalista ocidental: o legendário Dan Rather, da CBS.

Essa capacidade de improvisação é fundamental para o sucesso de um correspondente. Nunca me aconteceu nada tão sensacional, mas quando o presidente Bill Clinton visitou o Brasil em 1997, vi-me inesperadamente à sua frente, único jornalista entre as pessoas que o cercavam.

Um pouco por cálculo e por conhecer a cartografia do Palácio do Itamaraty, posicionei-me próximo ao local de onde ele e Fernando Henrique Cardoso provavelmente sairiam para se dirigir ao jantar de gala, enquanto meus colegas se postaram na entrada do salão, onde os dois certamente passariam. De fato, os presidentes saíram por onde eu antecipara e a primeira pessoa que viram fui eu. FHC foi gentil e me apresentou a Clinton. E eu pude lhe fazer duas perguntas antes que os demais jornalistas chegassem.

Mas se Azenha teve grande presença de espírito no episódio da Praça Vermelha, mais sensacional ainda foi o que Herbert Bayard Sworpe, do *New York World*, fez durante a Conferência de Paz de Versalhes em 1918.

Quando os países aliados entregaram ao representante da Alemanha sua proposta de acordo, foi formado um *pool* de jornalistas para acompanhar a cerimônia. Sworpe não foi sorteado para compor o *pool*. Mas ele estava decidido a estar presente. Obteve com um amigo um automóvel do Exército dos EUA, colocou uma bandeira de general pendurada próxima ao para-brisa, passou por todas as barreiras até o Petit Trianon de Versalhes, onde a entrega da proposta seria feita.

Vestido com o traje que os diplomatas da época usavam e que ele apreciava (fraque e cartola), saltou do carro, foi saudado com continência pelos guardas, entrou na sala de reuniões, sentou-se na primeira fila de cadeiras destinadas a observadores diplomáticos, assistiu a toda a reunião, inclusive depois que os integrantes do *pool* de jornalistas foram embora e escreveu a mais completa reportagem sobre o encontro. Segundo John Maxwell Hamilton, que descreve a história em seu *Journalism's Roving Eye*, Sworpe ainda teve a petulância de aparecer no *briefing* dos integrantes do *pool* com os colegas e de corrigi-los e acrescentar detalhes.

É evidente que uma situação como essa é impensável 90 anos depois de Versalhes, quando as medidas de segurança em encontros do tipo do da conferência de paz são muitíssimo mais estritas do que as da época. É difícil até de conceber que um jornalista atual cogite a possibilidade de uma ação de tal ousadia.

Sworpe era uma pessoa que não temia riscos. Foi um legendário jogador de pôquer. Chegou a ganhar quase 500 mil dólares numa rodada com um magnata do petróleo. Foi também um brilhante correspondente e editor. Ganhou o prêmio Pulitzer de 1917 por suas reportagens sobre a Alemanha durante a Grande Guerra e foi o criador, em 1921, da página *op-ed*, que fica ao lado da dos editoriais e em que convidados escrevem artigos com opiniões diversas ou mesmo antagônicas às do jornal.

FORMAÇÃO

Há uma antiga discussão sobre que tipo de preparo acadêmico deve ter um correspondente internacional a fim de bem cumprir sua missão. As cenas de abertura do filme *Correspondente estrangeiro*, de Alfred Hitchcock, tratam do assunto e tomam claramente partido, quando o dono do jornal pede ao editor que mande para a Europa alguém que tenha "uma mente fresca, não usada": "Eu não quero mais economistas, sábios ou oráculos [...]. Eu quero um repórter. Alguém que não saiba a diferença entre uma doutrina e um canguru".

Bill Keller, que é atualmente o editor-executivo do *New York Times* e foi correspondente do jornal em Moscou e Johannesburgo, editor de Internacional e secretário de Redação, parece concordar com o patrão do filme de Hitchcock. Em depoimento a Ulf Hannerz, diz que correspondentes com doutorados e mestrados "não funcionam. Conhecimento demais. Muito cheios de nuances". Ele parece dar preferência a jornalistas que tenham tido experiências práticas no seu currículo, "com gosto pela reportagem de rua", como diz.

Hannerz nota, na compilação de carreiras de correspondentes que fez, a presença de diversos ex-marinheiros (primeira profissão de Joseph Conrad, por sinal) e ex-participantes do programa Peace Corps, que leva jovens americanos para trabalhos voluntários em países subdesenvolvidos.

José Meirelles Passos, correspondente de *O Globo* em Buenos Aires e em Washington nas décadas de 1980 a 2000, quando lhe perguntaram em entrevista a um veículo eletrônico da Associação

Brasileira de Imprensa como construir uma carreira consistente na sua atividade, respondeu:

> Acho essencial ter uma base sólida sobre o seu próprio país. E não apenas uma base teórica, mas também de prática jornalística, de trabalho de rua. Tive a sorte de ter sido repórter de Polícia, de Esportes, de Porto (lá em Santos era uma área específica, dentro da Economia), de Política (e isso na época da ditadura militar), de Variedades...

O fato de estudar em universidades, obter títulos de pós-graduação e ter inclinação para o trabalho acadêmico não necessariamente, no entanto, exclui a capacidade de lidar com a realidade e de identificar a notícia além das teorias. Hannerz menciona vários correspondentes europeus e americanos bem-sucedidos que ele entrevistou detentores de doutorados e mestrados e com teses sobre os países onde trabalhavam e os temas que cobriam, que faziam um trabalho de boa qualidade exatamente devido a esse conhecimento.

Para não citar apenas a mim mesmo, que sempre tentei conciliar a prática do jornalismo com a atividade acadêmica, listo alguns colegas brasileiros que têm ou tiveram ótimo desempenho como correspondentes e que, antes, durante ou após esse trabalho, se dedicaram a estudos de pós-graduação: Caio Blinder, Caio Túlio Costa, Chris Del Boni, Fernando Rodrigues, João Batista Natali, Leão Serva, Marcelo Leite, Maria Helena Tachinardi, Paulo Sotero e Rosental Calmon Alves, entre outros.

Línguas

Ter domínio de línguas além da materna é vital para o correspondente, a não ser no caso de brasileiros cujo único posto seja lusófono. Inglês é o mínimo, ainda que o correspondente não esteja baseado em país anglófono, já que o inglês se tornou a *língua franca* contemporânea.

Os correspondentes americanos que não são capazes de se comunicar na língua nacional do país em que trabalham têm dificuldades adicionais enormes para desempenhar bem a sua missão.

Muitos americanos monoglotas enviesam inconscientemente seu material porque, com frequência, limitam suas fontes a pessoas que podem conversar com eles em inglês.

Em casos de países menos desenvolvidos, em geral essas fontes integram as elites econômica, política e cultural locais e, quando há conflito de classes, tendem a dar ao jornalista uma visão se não distorcida ao menos parcial e possivelmente tendenciosa das questões em debate.

Foi o que se viu, por exemplo, na cobertura das agências internacionais de notícias nos meses que antecederam ao golpe militar no Chile que derrubou o governo socialista de Salvador Allende (1970-1973), as quais apresentavam hegemonicamente o ponto de vista dos conservadores sobre a situação social, econômica e política do país. Há estudos que mostram como os correspondentes de agências noticiosas americanas davam a seus textos uma visão enviesada das tensões do governo Allende porque suas fontes muitas vezes se limitavam às pessoas que falavam inglês no Chile, a maioria empresários ou profissionais de classe média alta, que quase sem exceção se opunham ao governo.

Essa situação é muito bem ilustrada no título da autobiografia de Edward Behr, que foi correspondente na Europa, África e Ásia para agências e revistas (principalmente *Newsweek*) e teve seu livro *O último imperador* levado ao cinema pelo diretor Bernardo Bertolucci.

Behr escolheu como título de suas memórias uma pergunta gritada por uma colega britânica num abrigo para refugiadas mulheres e crianças congolesas durante a Revolução de 1963 naquela nação francófona: "*Anyone here been raped and speaks English?*" ("Há alguém aqui que tenha sido estuprada e que fale inglês?"). É uma síntese ótima da necessidade imperiosa de dominar a língua do lugar onde se está.

E o ideal não é apenas entender e ser entendido. É preciso ser fluente e, se possível, sem sotaque. Apesar de eu ter vivido cerca de 12 anos nos EUA e de ter escrito duas teses em inglês, sempre senti que meu sotaque carregado me prejudicava. Mesmo em sociedades muito abertas aos estrangeiros, como foi a americana nos períodos em que lá morei (décadas de 1970 a 1990), o sotaque é um problema para o jornalista que o comete.

Ou porque ele não é nem entendido pelo interlocutor (especialmente em ligações telefônicas) ou porque este se predispõe contra o correspondente (por motivos ideológicos, preconceito ou apenas porque ele percebe que a conversa vai ser demorada, arrastada ou de algum modo difícil e propensa a mal-entendidos).

Tentei me livrar do sotaque. Paguei do meu próprio bolso uma série de sessões com um famoso filólogo da Universidade de Maryland, conhecido por eliminar sotaque de pessoas de qualquer lugar do mundo. Não funcionou para mim. Fiquei ciente dos erros que cometia e de qual era a maneira certa de pronunciar as palavras que eu mais errava. Mas eu só me dou conta do erro depois de ouvi-lo sair da minha boca.

Cheguei à conclusão de que o fato de eu ter me tornado fluente em inglês com sotaque impossibilitava a correção. Ainda falo mal o inglês, mas o que não tem remédio, remediado está.

ÁLCOOL

Tanto no livro de ficção de Evelyn Waugh quanto na maioria dos filmes em que correspondentes internacionais, em particular os correspondentes de guerra, são personagens importantes, eles bebem muito. Talvez não seja mais assim, com o comportamento "saudavelmente correto" que é cada vez mais dominante (já no meu tempo de correspondente, os colegas não fumavam com a intensidade de antes).

Mas meu testemunho é de que a bebida alcoólica é uma companheira muito assídua do correspondente internacional. Ao final do dia, depois que todos já mandaram seus despachos, é corriqueiro se reunirem no bar do hotel para beber e trocar histórias profissionais. O avião que a Casa Branca freta para os correspondentes que acompanham viagens presidenciais americanas costumava ter bar aberto ao fundo e ele era bastante frequentado durante o voo inteiro.

Talvez o mais completo protótipo do correspondente internacional alcoólatra seja o personagem Richard Boyle do filme *Salvador: o martírio de um povo*, de Oliver Stone, vivido por James Woods. O personagem é baseado num jornalista real, de mesmo nome, que era, como um colega o descreveu, "Hunter Thompson em zona de guerra" (estava quase o tempo todo sob efeito de entorpecentes de algum tipo).

Embora tenha existido de verdade e provavelmente tenha se comportado mais ou menos como o filme o retrata, Boyle não foi, evidentemente, o correspondente internacional típico no que se refere a hábitos de consumo de bebida e outras drogas.

É óbvio que a tensão acumulada do trabalho de correspondente – ainda mais em situações como de conflito armado –, explica o recurso ao álcool (e até eventualmente a outras drogas) nada incomum entre esses profissionais.

A repetição de situações em que o correspondente se defronta com declarações mentirosas de autoridades, com discursos grandiloquentes que raramente têm consequência prática também induz ao ceticismo (muitas vezes saudável) e ao cinismo (quase sempre improdutivo), atitudes comumente encontradas entre praticantes do ofício da correspondência internacional. Muitos correspondentes se orgulham de ser cínicos e céticos e fazem questão de exibir esses traços de personalidade com colegas, autoridades ou integrantes do público. Outros resolvem seus dilemas com alguns tragos no fim da noite.

ROTINA

A rotina de trabalho do correspondente – como foi já referido antes –, pode ser, e frequentemente é, massacrante. Em especial quando se trabalha sozinho e em casa, como é em geral o caso dos brasileiros.

A fronteira entre o emprego e o lar se elimina. Ele ou ela está na ativa praticamente o tempo todo. O fuso horário é outro fator que prejudica muito as condições de vida de quem está no exterior. Especialmente quando ele está "atrás" do Brasil.

Segundo a pesquisa de Stephen Hess, na década de 1990, em média, o correspondente internacional nos EUA escrevia nove matérias por semana, das quais sete eram *hard news* (notícia quente do dia) e duas especiais – pelo menos duas tinham a ver com o país-sede.

No meu caso, escrevia em média três matérias por dia, num total de 20 por semana, metade das quais tinha a ver com o Brasil. Meu recorde foi o dia 3 de novembro de 1992, na eleição em que Bill Clinton se tornou presidente: mandei 11 textos, que foram publicados na edição do dia seguinte, além dos textos das artes, que haviam sido enviados antes.

Fusos horários

É duro ter de fechar a matéria quando os fatos ainda estão ocorrendo, como é o caso muitas vezes do correspondente brasileiro nos EUA, em particular no inverno do hemisfério norte. Há casos em que uma entrevista coletiva começa quando o jornal está prestes a fechar na sede. No século XXI, o problema ficou bem menos grave, já que se tornou possível escrever e enviar o texto de um *smartphone*.

No início da década de 1990 era um drama sair da Embaixada do Brasil – onde o ministro da Fazenda dava uma coletiva às 17h –, pegar um táxi (nem sempre acessível) e seguir para casa ou para o escritório para começar a redigir às 18h ou 18h30 (ou até mais tarde) e fechar às 19h.

Há casos trágicos (do ponto de vista jornalístico) de quem tentou driblar os obstáculos do fuso horário apostando na lei das probabilidades e caindo do cavalo. Há determinados acontecimentos previsíveis em que o jornalista acha que nunca nada vai ser diferente do que deveria ser.

Mas a "lei de Murphy" às vezes se aplica, impiedosamente, como lembra Victoria Brittain, veterana correspondente do jornal britânico *Guardian*. Um colega seu de jornal descreveu, em um de seus despachos sobre a crise do Congo, o clima de grande esperança entre autoridades de Katanga – Estado que se separara do recém-independente Congo – pela chegada, em 18 de setembro de 1961, a esse Estado, do secretário-geral da ONU, Dag Hammarskjold. No entanto, ele morreu na madrugada daquele dia, quando seu avião foi derrubado na fronteira entre a então Rodésia do Norte e Katanga.

Outro colega de Brittain, do rival *The Observer*, relatou na sua descrição do funeral de Robert Kennedy em 8 de maio de 1968 que os raios do sol banhavam o sepulcro. Mas o sepultamento ocorreu à noite porque o trem que transportava o corpo do senador de Nova York para Washington teve seu trajeto diversas vezes interrompido por manifestações de pesar de cidadãos que queriam homenageá-lo.

O jornalista do *Observer* não podia esperar muito tempo porque seu jornal estava muitas horas à frente no fuso horário e, além de errar, deixou de registrar o fato de o enterro de Kennedy ter sido o único na história do Cemitério Nacional de Arlington a ter ocorrido durante a noite, um dos destaques das reportagens escritas por quem esperou que ele acabasse.

Na eleição presidencial americana de 1984, ninguém duvidava que o presidente Ronald Reagan derrotaria o oponente, o ex-vice-presidente Walter Mondale, como de fato aconteceu. Paulo Francis, que era o correspondente da *Folha* em Nova York na época, muito menos. Para não atrasar o jornal, já que os resultados só sairiam quando o fechamento da edição no Brasil já houvesse acontecido, mandou um texto suficientemente genérico para não conter possíveis erros, mas que noticiava a vitória de Reagan. No entanto, os editores em São Paulo preferiram esperar e sair em primeiro clichê sem resultado nenhum.

Cobri diversas eleições nos EUA e o problema do fuso horário sempre existiu. Com mais intensidade ainda desde que o Brasil adotou regularmente o horário de verão, já que a diferença entre a Costa Leste americana e Brasília é de três horas em novembro, quando ocorrem os pleitos federais nos EUA.

A solução tradicional tem sido a de soltar as edições que fecham mais cedo sem nenhum resultado, o que prejudica muito os leitores que as recebem. Como *ombudsman*, senti a ira de assinantes de cidades do Norte do Brasil, que não leram no seu jornal de 5 de novembro de 2008 a notícia da histórica eleição de Barack Obama.

Mas se não há solução melhor, é preferível prejudicar alguns leitores do que pagar o mico de uma notícia errada. Ainda mais em eleições presidenciais americanas e principalmente depois da de 2000, cujo resultado final só saiu 36 dias depois do pleito.

Cobri a eleição de 2000 para o *Valor*, cuja edição resolveu acertadamente não esperar nenhum resultado, já que era considerado certo que qualquer que fosse seria apertadíssimo e só conhecido durante a madrugada. Embora já não adiantasse mais nada para a edição de 8 de novembro de 2000, eu e meus colegas brasileiros passamos aquela noite em claro, vendo ícones do jornalismo americano anunciando – erradamente – a vitória ora de Gore ora de Bush. Na pressa de dar o furo, comeram barriga.

O correspondente brasileiro na Europa goza das vantagens derivadas da situação oposta: há situações em que a matéria já está pronta quando na sede ainda nem começou a reunião de pauta. Mas, por outro lado, o risco de o correspondente na Europa ser despertado de madrugada por editores que estão em pleno horário de trabalho é enorme.

Pauta e fechamento

O correspondente costuma ter grande autonomia de pauta. Como ele é quem está no local dos fatos, a redação costuma respeitar as prioridades que ele estabelece.

Essa autonomia era muito maior, no entanto, antes dos canais de notícias de 24 horas, das edições eletrônicas dos jornais estrangeiros e da disseminação das informações pela internet. Quando a sede passou a ter todos esses instrumentos à disposição para se informar sobre o que ocorre no país onde está o correspondente, começou a interferir muito mais na sua pauta.

Segundo a pesquisa de Stephen Hess, na década de 1990 nos EUA, os correspondentes de países do continente europeu eram os que tinham menos autonomia de pauta, na comparação com britânicos, latino-americanos e asiáticos. Os correspondentes de países, como a China, em que o Estado impõe severas restrições à atuação jornalística, sofrem censura em sua pauta e no resultado final de seu trabalho.

O correspondente precisa ler jornais e revistas locais, assistir à TV e ouvir rádio, estar atento às agências de notícias tanto para fazer pauta quanto para escrever seus textos. Como atualmente quase tudo isso também é acessível à sede, ele tem de ir atrás de veículos de menos fama internacional, mas que tenham credibilidade.

Há muitas publicações acadêmicas de ótima qualidade, jornais e revistas das universidades locais, de ONGs, sindicatos, órgãos de governo, *think tanks*, dos quais na redação nunca se ouviu falar e que podem servir de fonte para pauta e abordagens diferenciadas por parte do correspondente.

Nos anos 1990, de acordo com Stephen Hess, o correspondente nos EUA lia quatro jornais diários locais, uma revista semanal de informação, ouvia a National Public Radio, assistia à CNN e gastava três horas na internet.

Eu lia diariamente os jornais *The Washington Post*, *The New York Times*, *USA Today*, *The Wall Street Journal*, *Financial Times*, *The Washington Times* e, enquanto existiu, a edição de Washington do *Los Angeles Times*. Lia ainda as revistas semanais *Time*, *Newsweek*, *US News and World Report*, *The Nation*, *The New Republic*, *The New Yorker*, *New York*, *City Paper*, *Economist*, *Business Week*, as mensais *Harper's*, *Atlantic Monthly*, *Mother Jones*, *Washington Monthly*, *Washingtonian*, *Foreign Policy*, *Lingua Franca* e as trimestrais *Foreign Affairs*, *Wilson Quarterly*, *The Public Interest*, *Washington Quarterly* e *American Prospect*.

Todo o tempo em que ficava no escritório (em média 12 horas por dia, exceto quando tinha entrevistas fora), estava com a internet e a CNN ligadas. Quando a MSNBC entrou no ar, dava uma olhada também nela a cada 30 minutos. Escutava ainda os noticiários das 7 da manhã e das 5 da tarde da National Public Radio.

O momento do fechamento, em especial quando o fuso horário joga contra o correspondente, pode ser muito tenso. A pressão do horário e dos limites de espaço ou tempo dificultam um diálogo produtivo sobre a abordagem que se vai dar ao tema.

Dependendo das relações entre o correspondente e sua contraparte na sede, essas dificuldades são mais graves. Se há confiança recíproca, as coisas tendem a ser mais fluidas. Quando é o contrário, podem ser traumáticas. Muito da acidez contra os jornalistas em geral que Evelyn Waugh revela em seu romance *Furo!* é produto de sua própria péssima experiência pessoal quando foi correspondente do *Daily Mail* na então Abissínia (o que não torna suas críticas à imprensa e seus profissionais menos pertinentes).

Waugh era um iniciante, não tinha credibilidade junto aos editores. Aprendeu sozinho a datilografar durante a viagem de navio da Inglaterra à África. Mais de uma vez ele mandou informações exclusivas e corretas para o jornal e elas não foram publicadas porque os editores achavam que ele estava equivocado.

Vampirismo

Há um ditado entre os correspondentes americanos de que a qualidade de seu trabalho sempre é mais ou menos igual à qualidade média da mídia local. Quer dizer: o que o correspondente faz é apenas consumir e reproduzir o que seus colegas locais fazem. Não é bem assim, mas é um pouco.

Pior ainda, e indesculpável eticamente, é apenas copiar o que os locais publicam. A prática do "vampirismo", como Fritz Utzeri e outros colegas chamavam o hábito de "chupar" pautas e às vezes até informações da mídia local, que era relativamente comum na década de 1980, agora se tornou muito menos fácil.

Recordo-me de um incidente em que um jornalista da *Folha* descobriu que outro havia plagiado matéria de uma revista estrangeira. A descoberta se deu por acaso. O que acusou o plágio tinha viajado para o exterior e lido a matéria dias antes de voltar ao Brasil e encontrá-la em português no jornal. Algo similar hoje em dia é quase inconcebível ocorrer, tamanha a possibilidade de alguém ler no mesmo dia, pela internet, a possível matéria plagiada.

A pauta da sede muitas vezes é o que os correspondentes jocosamente apelidam de "como é que é aí?". Algum assunto está em debate na agenda do Brasil e os editores querem possibilitar ao público a comparação com o que se faz na mesma área num país mais desenvolvido. Quais são os privilégios de que desfrutam os congressistas nos EUA? Como é a legislação trabalhista? Como é o sistema de votação? E assim por diante.

A sede também é importantíssima para alertar o correspondente das viagens de autoridades brasileiras ao país onde ele está sediado. Isso também mudou um pouco a partir do início das edições eletrônicas.

Na maior parte do tempo em que fui correspondente, lia a *Folha* com dois ou três dias de atraso. Estava sempre atrasado em relação aos fatos do país. Atualmente, é possível assistir ao Jornal Nacional nos EUA em tempo real com o Brasil e ler o seu próprio jornal, tudo praticamente ao mesmo tempo.

Uma decisão constante e complicada para o correspondente, ainda mais quando ele é o único de seu veículo, é ficar na sua cidade-sede ou viajar pelo país, principalmente quando ele é grande, como os EUA.

Vários preferem sair em busca de pautas exclusivas e importantes fora da capital. Com o risco de terem de voltar às pressas e com o trabalho inconcluso porque algo inesperado e muito relevante ocorreu em Washington (no caso dos EUA).

Eu sempre tive como prioridade ficar e acompanhar os fatos diários da capital. São maneiras diferentes de encarar o trabalho do correspondente.

Há quem considere que o chamado *hard news*, a notícia bruta (como foi a votação no Congresso, quem ganhou a eleição, qual foi o resultado do jogo) não cabe ao correspondente reportar. Nessa visão, ele deve estar apenas atrás de casos especiais, que passem ao seu público a essência verdadeira da sociedade da qual ele trata. Essas reportagens especiais, que só o correspondente pode fazer, dão o pano de fundo que permite ao leitor compreender os fatos brutos.

É uma lógica perfeitamente correta e defensável. Evelyn Waugh já se refere a ela em *Furo!* quando o personagem "Sir" Jocelyn Hitchcock, o grande astro da correspondência internacional que cobria a guerra em Ismaélia, telegrafa a seus editores: "Considero encerrado caso ismaelita, sugiro deixar agências cobrirem prosseguimento". Em conversa com um colega inglês, Hitchcock expande seu conceito: "Só havia uma matéria para enviar: minha entrevista com o líder fascista. Com os americanos, naturalmente, é outra coisa [...]. [Eles] Têm um sentido da notícia que não coincide com o nosso. Procuram descobrir o lado pessoal, essas coisas".

Mas faz sentido para outros (como para mim), contra-argumentar que o correspondente, ao noticiar o *hard news*, já o faz (ou deve fazer) com uma alta carga interpretativa, que oferece à sua audiência a possibilidade de – ao mesmo tempo – saber o que aconteceu e entender as razões por que aquilo aconteceu e possíveis desdobramentos e implicações. O que não impede que o correspondente, além de noticiar os fatos, também se dedique a pautas especiais e exclusivas.

REDES DE CONTATO

Além de curioso, como já enfatizado antes, o jornalista também tem de ser cético. O correspondente, idem. O ceticismo, no entanto, não deve ser cego. O ceticismo requer embasamento factual.

Para isso, o correspondente precisa estabelecer redes de contato no país em que trabalha com pessoas bem informadas e em quem confie, cujos interesses pessoais não estejam muito envolvidos com o objeto das notícias a serem apuradas.

Aliás, o fato de o correspondente internacional trabalhar numa sociedade em que o seu próprio futuro e o de sua família não estão em jogo, em que os seus próprios interesses materiais diretos de longo prazo e os de seus familiares não estão envolvidos, é uma das razões por que ele pode fazer um trabalho potencialmente melhor, por estar livre dessas considerações, do que faria em sua própria nação.

A rede de contatos do correspondente deve ser ampla, a mais diversa possível em termos ideológicos, partidários, sociais. Não deve de modo algum se limitar a fontes. É importante, por exemplo, o correspondente ter boas relações com diplomatas da embaixada de seu próprio país.

Os diplomatas são aliados naturais do correspondente. Ambos fazem trabalho muito similar no que diz respeito a método e conteúdo. Mas os objetivos são distintos.

Deve-se dar muito valor ao que diplomatas dizem e a suas avaliações, mas é preciso ter contrapontos não só no governo local, mas também entre jornalistas nacionais, acadêmicos, membros de organizações] não governamentais.

Quando a associação entre jornalista e diplomata fica excessivamente íntima, há o risco de os papeis se confundirem e o correspondente se tornar agente ou instrumento do governo. O correspondente deve cobrir os eventos, não criá-los. Mais adiante, no capítulo "Dois expoentes", será mostrado como essa linha tênue ficou clara quando William Schirer era correspondente da CBS em Berlim no início da Segunda Guerra Mundial.

Mas há outros exemplos, como o de John Scali, da rede de TV ABC, que operou como intermediário entre soviéticos e americanos na Crise dos Mísseis em Cuba em 1962. Scali disse ter continuado a reportar os fatos públicos, sem jamais revelar à sua audiência que ele havia sido o portador de uma proposta de solução da crise enviada pelo embaixador da União Soviética ao secretário de Estado, Dean Rusk, que pediu a ele que dissesse aos soviéticos que aceitava a proposta. Scali afirmou que o presidente Kennedy lhe pediu que prosseguisse na condição de intermediário entre os dois governos mesmo depois de encerrada a Crise dos Mísseis.

John Scali argumentava que a magnitude dos problemas a respeito dos quais ele tinha informações não divulgadas ao público justificava o seu comportamento. "Eu acreditava que o governo tem o direito de manter o segredo sobre algumas informações críticas. Eu não acho que seja o papel ou a responsabilidade da imprensa publicar tudo que sabe. Eu acho que devemos ter em mente que, além de repórteres, nós somos cidadãos desta nação", escreveu ele em um artigo de 1987.

Muitos colegas de Scali, eu entre eles, não concordam minimamente com essa visão. Para nós, o primeiro compromisso do jornalista é com a sua audiência e com o seu veículo, não com governos ou partidos políticos. Quando, por exemplo, o *New York Times* e o *Washington Post* publicaram documentos do Pentágono sobre a ação militar americana no Camboja nos anos 1970, eles estavam servindo em primeiro lugar ao interesse da sua audiência, não aos do governo Nixon. O mesmo ocorreu em 2010, quando diversos jornais publicaram segredos de Estado americanos revelados pelo site WikiLeaks.

Agentes da CIA

Carl Bernstein (que com Bob Woodward cobriu o caso Watergate para o jornal *The Washington Post*) revelou em 1977 em reportagem para a revista *Rolling Stone*, com base em documentos secretos a que tivera acesso, que no quarto de século anterior (de 1951 a 1976), cerca de 400 jornalistas, boa parte deles correspondentes internacionais, tinham algum tipo de vínculo com a CIA. Muitos correspondentes foram recrutados como agentes ou davam assistência a agentes da CIA, que também usava veículos jornalísticos para dar cobertura às atividades de seus agentes, que posavam oficialmente como jornalistas.

A função de correspondente é ideal para um espião, já que ela exige de quem a desempenha que viaje muito, faça perguntas à vontade e esteja em contato com as autoridades locais. No final da década de 1970, foram promulgadas leis nos EUA que dificultaram muito a utilização de jornalistas pela CIA, mas não chegaram a proibi-la explicitamente. E a maioria dos jornalistas americanos passou a considerar a visão de John Scali inaceitável.

Mesmo assim, continuam ocorrendo situações que envolvem a CIA e correspondentes internacionais. O filme *O preço da coragem*, de Michael Winterbottom, mostra como muitos paquistaneses consideravam Daniel Pearl, correspondente do *Wall Street Journal* no país, suspeito de ser agente da CIA.

O jornalista, como se sabe, foi sequestrado por terroristas islâmicos, torturado e morto. Até onde se tem informação confiável, Pearl não tinha nada a ver com a CIA nem com qualquer outro órgão do governo americano, mas a cooperação de seu jornal com a agência pode ter insuflado o ódio dos terroristas contra ele, que representava o jornal no Paquistão. O filme também alude ao incidente em que aparentemente o *Journal* entregou à CIA informações sobre Richard Reid, o integrante da Al Qaeda que foi preso quando tentava explodir um avião com uma bomba que tinha nos sapatos.

Filmes e livros de ficção constantemente colocam correspondentes internacionais como espiões ou agentes disfarçados do governo. Era assim nos tempos áureos da correspondência internacional e ainda continua. Um recente romance, chamado *Foreign Correspondent*, de Alan Furst, coloca seu principal personagem, um jornalista italiano que trabalha para a agência Reuters às vésperas da Segunda Guerra Mundial, na condição de espião.

Jornalista diplomata

O jornalista pode dar sua contribuição para eventos políticos internacionais. Pode, e talvez até deva. Mas isso precisa ser feito às claras, diante da audiência. Foi o que fez, por exemplo, Walter Cronkite, âncora do telejornal da rede CBS, em 1977.

O presidente do Egito, Anuar Sadat, havia dito em discurso que estava disposto a ir a Israel para negociar a paz. Cronkite o entrevistou dias depois e fez perguntas muito objetivas, ao vivo: "O que é preciso para o senhor ir a Tel Aviv?" ("Um convite formal do premiê Begin"); "Quando o senhor iria?" ("O mais rapidamente possível"); "Uma semana é um prazo aceitável?" ("Sim").

Em seguida, Cronkite entrevistou Menahen Begin e fez as mesmas perguntas. Cinco dias depois, Sadat e Begin se reuniam e em seguida chegariam a um acordo. Apesar de muitos o terem saudado como o responsável pela paz entre Israel e Egito, Cronkite nunca aceitou esse papel. "Eu não acho que jornalista deva se envolver em negociações diplomáticas. Nós podemos ter sido os que catalisaram os eventos [no caso de Egito e Israel]. Mas provavelmente eles teriam chegado ao mesmo resultado de qualquer maneira".

Mesmo que sua ação tenha sido efetivamente um ato de diplomacia, Cronkite foi jornalista, acima de tudo, nesse episódio. É provável que ele tenha consultado pessoas do Departamento de Estado antes de suas entrevistas com Sadat e Begin para obter informações em *background*. Mas esse é um procedimento legítimo, que não arranha nenhum padrão ético.

O jornalista não deixa de ser cidadão de seu país nem de achar que os interesses nacionais devam ser defendidos. Mas tem de separar as coisas. Se o resultado de seu trabalho beneficiar de alguma forma a sua nação ou a paz em que ele eventualmente creia, ótimo. Mas seus deveres profissionais devem estar acima de todas as outras considerações.

Com pessoas comuns

Quando o correspondente está com a família, a rede de contatos tende a se formar de modo mais natural porque ele é obrigado a conviver com nacionais "comuns", que jamais vão ser citados por ele em suas matérias e que não têm nenhum interesse nisso nem no que saia no veículo estrangeiro para quem ele trabalha.

É com os vizinhos, com os pais dos colegas e com os professores de seus filhos, com o carteiro, o jardineiro, os motoristas de táxi, os caixas do supermercado e da farmácia, os médicos e dentistas, o gerente do banco que o ceticismo bem informado pode se articular consistentemente.

Em *Furo!*, quem consegue o grande furo é o improvável Boot, que, ao contrário de seus experientes e famosos colegas, não se fiava de modo algum nas autoridades e nos porta-vozes oficiais.

As informações que o levam aos fatos exclusivos que o consagram provêm de pessoas das relações de sua namorada, que não é ninguém no mundo oficial de Ismaélia, mas tem a intimidade do barbeiro do ministro, da costureira do embaixador, da governanta do presidente. É ficção, claro, mas realça adequadamente a importância desse tipo de penetração na sociedade local para o sucesso do correspondente.

Não é o caso dos correspondentes brasileiros em geral, mas os que trabalham para veículos europeus e americanos costumam ter assistentes, tradutores, secretários, motoristas.

Essas pessoas, assalariadas do veículo do correspondente e a ele subordinadas hierarquicamente, podem ser absolutamente vitais para o seu sucesso, como se pode constatar, por exemplo, no caso de Sidney Schanberg, do *New York Times*. Seu trabalho no Camboja (que inspirou o filme *Os gritos do silêncio*, de Roland Joffé, 1984) dependeu muito da colaboração de seu assistente local Dith Pran.

Mas o correspondente não pode se limitar a esses funcionários como avalistas da perspectiva que oferecerá ao seu público sobre os assuntos que está cobrindo porque nem sempre eles serão absolutamente honestos na sua cooperação com ele, em especial em situações-limite de conflitos étnicos ou de grande polarização ideológica.

Ulf Hannerz conta o caso de um correspondente europeu em Ruanda que contratou um motorista tutsi e um assistente hutu (sem saber disso) e se viu no meio de um confronto entre os dois, que tentavam ganhar sua confiança e convencê-lo a adotar um de seus pontos de vista, antagônicos, a respeito de praticamente qualquer tema.

EFEITOS DO TRABALHO

Como já se mostrou e se continuará mostrando, o tamanho do ego do correspondente internacional típico não é reduzido. É muito comum que ele se ache não apenas a elite da elite, mas também um guia das massas, influência fundamental no processo de decisões políticas, orientador cultural de seu público, formador de opiniões a respeito do país de que reporta.

Provavelmente ele é muito menos do que se imagina, embora naturalmente um pouco disso tudo a maioria realmente seja. Um dos grandes méritos do livro tantas vezes citado de autoria de Ulf Hannerz é que nele se tem um esforço sistematizado e bem embasado de definir com um mínimo de precisão o efeito do trabalho do correspondente na sociedade, embora – como o autor reconhece e lamenta – isso não passe da especulação, já que ele não fez uma pesquisa com o consumidor.

Aliás, este é o pecado mortal da maioria absoluta da produção científica sobre jornalismo e comunicação em geral: embora o fundamental seja aferir os resultados efetivos do processo na sociedade, quase ninguém faz estudos de recepção, ou porque são caros, ou porque são difíceis, ou porque exigem muito tempo de trabalho para terem valor ou por outro motivo qualquer. É impossível saber os efeitos do jornalismo ou da comunicação sobre sua audiência sem acompanhá-la de perto e por um período de tempo significativo. Mas restrições de diversas ordens têm impedido que esse tipo de pesquisa, etnográfica, se realize no Brasil.

Apesar das limitações, Hannerz trata de modo muito pertinente e sagaz desse assunto. Começa com o conceito de "cidadão informado", a quem em princípio o trabalho do correspondente é dirigido.

O conceito foi formulado por Alfred Schutz, um dos pioneiros da Sociologia da distribuição do conhecimento, em *Studies in Social Theory*. O "cidadão informado" é um tipo social que contrasta com o do "homem na rua", para quem a única informação necessária é a que lhe é útil para sua vida cotidiana, e com o *expert*, para quem a informação mais relevante é a que o ajuda a aprofundar-se nos problemas precisos estabelecidos no seu campo de especialidade.

O "cidadão informado", portanto, é uma espécie de meio-termo entre o que só quer saber do que diz respeito ao dia a dia mais banal e o que se ocupa acima de tudo com as questões do seu próprio ramo de atividade intelectual.

Ou, como Hannerz define, é aquele que "atribui um valor a eventos em voga que são habituais, bem definidos, que não se limitam ao que lhe é mais prático, e que faz uma ideia de como as coisas se encaixam no mundo. Essa parece ser uma qualidade desejável de um cidadão do mundo". É para esse tipo de pessoa que o correspondente internacional em princípio escreve, a fim de ajudá-lo a ordenar as peças do quebra-cabeça dos assuntos mundiais.

Impulso cosmopolita

Hannerz diz que vem se desenvolvendo uma política do cosmopolitismo que envolve um senso de responsabilidade entre os cidadãos do mundo indo além da sua preocupação com a nação-Estado.

O "impulso cosmopolita", como ele chama essa ética da internacionalização, oferece apoio a atividades políticas que transcendem os Estados nacionais, a instituições e organizações legais supranacionais e transnacionais e a respostas à globalização que enfatizem a visão de seres humanos como mais do que força de trabalho ou consumidores.

"O impulso cosmopolita tende a favorecer mais os arranjos sociais de compaixão, respeito aos direitos humanos, solidariedade e paz". O cosmopolitismo também leva a concepções que aceitem a diversidade de modos de pensar, maneiras de viver, produtos humanos. Em princípio e em ideal, o trabalho do correspondente estrangeiro reforça essas tendências.

A filósofa Martha Nussbaum, da Universidade de Chicago, afirma num ensaio de 1996, em que analisa a dualidade cosmopolitismo *versus* patriotismo:

> Tornar-se um cidadão do mundo é com frequência uma coisa solitária. É uma espécie de exílio do conforto das verdades locais, do sentimento aconchegante e morno do patriotismo, do enredo absorvente do orgulho de si e dos seus.

O trabalho do correspondente internacional, de acordo com essa lógica, ajudaria o cidadão informado a partir para esse exílio e se tornar cidadão do mundo, o que – se tal efeito for muito disseminado – ajudaria a melhorar a qualidade das relações internacionais. Pode ser que esse processo de transformação entre o público do correspondente não ocorra, mas é muito frequente que a pessoa que exerce a atividade se torne ela mesma um cidadão do mundo nesse sentido por conta de seu trabalho. Especialmente entre os mais jovens.

José Arbex Jr. fez a seguinte avaliação de seu período como correspondente júnior da *Folha* em Nova York em 1987:

> Nova York foi para mim o fim do começo. Destruição positiva de mitos, um processo de aproximação em relação ao mundo real, vivo, desideologizado e desprovido ao máximo de suas projeções ideais. Sofisticação da experiência. Reconhecimento da nuance. Aprendizado sobre a complexidade do mundo.

Os correspondentes provavelmente se tornam cidadãos do mundo, mas será que eles ajudam a formá-lo entre seus leitores, ouvintes e espectadores? A maioria das pessoas não tem a experiência concreta da internacionalização em seu repertório. O mundo pode estar cada vez mais unificado na economia e na política, mas será que sem a concretude do contato com o externo pode-se chegar ao cosmopolitismo?

Quem deseja alcançá-lo precisa de representações do mundo que lhe são fornecidas, entre outros, pelos meios de comunicação de massa, jornalísticos ou de ficção. É aí que entra, com relevância, o trabalho do correspondente estrangeiro.

Quem quer notícia internacional

Há várias questões envolvidas nessa relação entre o noticiário externo e o público que consome informação. A primeira é que, em geral, no Brasil e em quase todos os países, a seção de Internacional não está entre as mais bem quistas pela audiência. Perde de longe em interesse e satisfação para as de Economia, Política, Esportes, Variedades e Assuntos locais.

A segunda é se o correspondente é capaz de atrair mais interesse para o seu trabalho a partir de suas próprias qualidades e esforço ou se a formação de um número maior de "cidadãos informados", que se interessaria por ele, depende inteiramente de fatores exógenos ao jornalismo (educação, nível de renda, família, etc.).

A terceira é se o atual trabalho do correspondente satisfaz os consumidores que se interessam por ele e ampliam o seu referencial. São questões que ficam em aberto porque só podem ser bem respondidas com estudos de recepção de boa qualidade, que não existem nem são feitos.

Sem tais pesquisas junto aos receptores, o jeito é ficar na especulação, território em que crenças, preconceitos e ideologias têm papel preponderante. As respostas, por isso mesmo, são quase sempre insatisfatórias e, em muitos casos, inaceitáveis para quem discorda de saída dos princípios em que se baseiam.

A "empatia eletrônica", por exemplo, é uma farsa ou uma bênção? A imagem de crianças famintas na África na sala de estar das famílias de classe média dos países ricos ajuda a mobilizar solidariedade entre os abastados ou anestesia a sensibilidade de quem poderia se deixar comover?

Susan Moeller, uma pesquisadora do jornalismo na Universidade de Maryland, fala da "fadiga da compaixão", conceito que serve de título a um livro de sua autoria, de 1999. Será que despachos sobre guerra, fome, seca, aquecimento global despertam ou adormecem as consciências?

É quase um lugar-comum entre jornalistas, diplomatas, cosmopolitas em geral, a queixa do pouco espaço e tempo devotados ao noticiário externo nos veículos de comunicação de massa.

Mas como esse noticiário é quase sempre cominado por fatos encarados como coisas muito ruins (atentados terroristas, desastres, terremotos, assassinatos, inundações) será que ampliá-lo não vai levar o "cidadão informado" e principalmente o "homem na rua" a considerar o mundo algo a ser temido e evitado? Será que em vez de estimular, como pretendido, a tolerância à diversidade, o noticiário internacional expandido não vai fortalecer os preconceitos contra tudo que é diferente e estrangeiro?

Como, aliás, dizia Pierre Bourdieu, "o jornalismo nos mostra um mundo cheio de guerras étnicas, ódios raciais, violência e crime – um mundo cheio de perigos incompreensíveis e perturbadores dos quais nós devemos nos afastar para nossa própria segurança".

Se o trabalho do correspondente internacional, em tese e em geral, incita o isolacionismo e a xenofobia ou, ao contrário, induz à solidariedade e ao ecumenismo, é algo que não se pode precisar com o trabalho de pesquisa empírica até agora realizado no mundo. Mesmo casos específicos são de difícil julgamento, o qual muito constantemente depende da posição ideológica de quem julga e raramente obedece a princípios objetivos.

Afeganistanismo

O caso de Walter Duranty, por exemplo. Ele foi o chefe da sucursal de Moscou do *New York Times* de 1922 a 1936. À época, seu trabalho foi muito bem avaliado e lhe valeu um prêmio Pulitzer, em 1932.

Mas em 1990, o jornal publicou em editorial que aquelas reportagens foram algumas das "piores" jamais editadas pelo *Times* porque Duranty teria deliberadamente omitido informações sobre o bárbaro processo de coletivização da agricultura que Stalin promoveu e que resultou na morte estimada de seis milhões de pessoas.

Mesmo que se possa agora comprovar com documentos que Duranty escondeu ou inventou fatos, o máximo que se conseguirá é ter segurança de que ele cometeu erros de informação ou infrações éticas. Mas, e sobre os efeitos de seu trabalho junto ao público na época?

Sua visão supostamente favorável ao regime stalinista resultou em mais condescendência da opinião pública em relação aos soviéticos? Desativou alguma medida diplomática do governo dos EUA contra Moscou? Aproximou pessoas ou empresários com interesses nos dois países? Ou foi nula em termos práticos? É impossível dizer. Só é possível supor. E supor, quase sempre, com base em convicções ideológicas anteriores.

Outro quase lugar-comum entre especialistas ou praticantes desta área é de que a sociedade americana foi surpreendida pelos atentados terroristas de 11 de setembro de 2001 porque ela estava mal informada a respeito de temas internacionais, em especial a situação na Ásia Central.

Eu mesmo, em ensaio que escrevi para a Universidade de São Paulo sobre esse assunto, lembrei que nos anos 1970, quando fiz meu mestrado nos EUA, na literatura acadêmica sobre jornalismo, falava-se em "afeganistanismo", para nomear o que era tido como defeito de alguns jornais (o *New York Times* especificamente), que davam destaque excessivo a assuntos de interesse muito distante do leitor. O pressuposto é de que nada que acontecesse no Afeganistão poderia ser do interesse do leitor americano.

Achava-se, depois dos atentados, que a imprensa americana passaria a dar muito mais atenção aos assuntos do exterior a fim de tornar pelo menos o "cidadão informado" mais ciente dos fatos no exterior que poderiam ter sérias implicações para os EUA.

É possível afirmar, graças ao trabalho do Poynter Institute e do *Project for Excellence in Journalism* que, ao contrário, o que ocorreu foi um decréscimo da participação do noticiário internacional no total de matérias jornalísticas levadas ao público pelos veículos de comunicação de massa.

Elas foram 27% em 1977, 21% em 1987 e 14% em 2003, após as tragédias que, em princípio, as incrementariam em benefício do público.

E o próprio público americano não deu sinal de que os atentados tenham aumentado seu interesse por noticiário internacional. Pesquisa do centro Pew, de 2002, mostra que só 16% dos americanos diziam acompanhar as notícias do exterior "intensamente", seis pontos percentuais a mais do que os que haviam respondido a mesma coisa em 2001, antes do terrorismo, em enquete similar. Mas, mesmo entre os que se interessavam, quantos se sentiam bem informados a respeito dos assuntos internacionais apenas com o que obtinham da mídia?

O cantor e compositor *country* Alan Jackson fez grande sucesso em 2002 com a canção "Where Were You (When The World Stopped Turning)", em que os seguintes versos têm tudo a ver com esta discussão:

> *I'm just a singer of simple songs*
> *I'm not a real political man*
> *I watch CNN but I'm not sure I can tell you*
> *The difference in Iraq and Iran.*
>
> [Eu sou apenas um cantor de canções simples
> Eu não sou um homem político
> Eu assisto à CNN, mas não estou certo se posso dizer
> A diferença entre Irã e Iraque.]

O sucesso da canção entre os americanos típicos indica que a crítica do músico encontra repercussão positiva no público. Mas também mostra como é difícil determinar quem provoca o quê: o desinteresse do público decorre do trabalho insuficiente dos correspondentes e editores de Internacional ou este é consequência daquele? Se o produto fosse melhor (e o que seria considerado melhor?), será que o interesse do público aumentaria? Há alguma relação entre qualidade do trabalho jornalístico e interesse do público?

O que justifica o fato de em setembro de 2002, de acordo com pesquisa do jornal *The Washington Post* e da rede ABC de TV, 70% dos americanos dizerem que Saddam Hussein estava envolvido nos ataques terroristas de 11 de setembro de 2001? Essa desinformação é consequência de erros da mídia? Ou mostra o sucesso da campanha de propaganda sub-reptícia do governo Bush, que tentava implicitamente associar Hussein com os ataques? Ou é apenas expressão da ignorância e preconceitos de muitos americanos?

O terreno da discussão sobre os efeitos do jornalismo e dos meios de comunicação em geral sobre a sociedade é extremamente pantanoso e não deixará de ser assim até que se invista pesadamente em pesquisas de recepção com metodologia etnográfica e de longa extensão no tempo.

A avaliação do trabalho dos correspondentes internacionais não foge a essa regra. O que é possível é verificar se ele é ou não factualmente correto, se tem ou não viés ideológico, se reflete ou não diversos pontos de vista a respeito de um assunto (ou pelo menos os principais), quais são as suas características de estilo, se teve ou não repercussão pública de alguma intensidade. Mais do que isso só se pode estimar por especulação ou hipótese, mas sem confirmação empírica.

Dois expoentes

Na fase áurea da correspondência internacional, a primeira metade do século XX, dois projetos ideológicos galgaram ao poder em suas nações originais e galvanizaram o interesse do "cidadão informado" no mundo ocidental: o comunismo na Rússia e o nazismo na Alemanha.

Os dois impérios totalitários que deles resultaram, sob líderes de enorme carisma, a União Soviética de Stalin e o Terceiro Reich de Hitler, eram modelos de Estado para milhões de pessoas em diversos países.

O historiador Timothy Snyder, doutor pela Universidade de Oxford e professor em Yale, em seu recente livro *Bloodlands: Europe Between Hitler and Stalin*, diz que os dois foram responsáveis pela morte de 14 milhões de não combatentes em tempos de guerra e paz.

Comunismo e nazismo tinham simpatizantes, adeptos, adversários e inimigos em quase todos os países. Em determinados períodos, especialmente quando a Segunda Guerra Mundial começou a parecer inevitável, nas nações mais potencialmente ameaçadas pela Alemanha, como a Grã-Bretanha e os EUA, alguns admiradores do nazismo que eram proeminentes na vida social ou política agiam de modo discreto quanto a seus pendores pela direita ideológica mas expressavam seu anticomunismo de maneira ostensiva.

Os favoráveis ao comunismo, especialmente depois que a União Soviética se incorporou ao grupo dos países aliados, sempre foram mais abertos sobre a sua preferência. Partidos comunistas ou socialistas atuaram com desenvoltura nos EUA, na Grã-Bretanha, em quase todos os países da Europa Ocidental e em vários da América Latina, inclusive no Brasil sob a liderança de Luiz Carlos Prestes. Os nazifascistas eram mais enrustidos, mas também atuavam às claras, como os integralistas de Plínio Salgado no Brasil.

Quando o príncipe Harry, filho de Charles e Diana, foi fotografado vestido de soldado nazista em uma festa noturna, em 2005, voltaram a emergir na imprensa britânica relatos de como diversos de seus antecessores da casa de Windsor tinham pendores pelo nazismo.

O rei Eduardo VIII, que abdicou em 1936, para se casar com Wallis Simpson, uma plebeia americana divorciada, foi recebido com grande cordialidade pelo ditador alemão em 1937 e até muitos anos depois, como em entrevista em 1970, dizia: "Nunca achei Hitler um sujeito assim tão mau".

Nos EUA, o aviador Charles Lindbergh, uma das personalidades mais admiradas do país nos anos de 1920 a 1940, foi condecorado por Hitler com a Cruz de Serviço da Águia Alemã, a mais alta honraria nazista no setor aéreo. Ele foi recebido com grande simpatia pelo ministro da Força Aérea Nazista, Hermann Goering, e expressou diversas vezes em público opiniões favoráveis à eugenia.

Philip Roth escreveu um romance – *Complô contra a América* – que descreve como teria sido a vida nos EUA se Lindbergh tivesse, como muitos queriam, se lançado candidato à Presidência em 1940, derrotado Franklin Roosevelt e instaurado um regime protonazista no país.

Apesar de antônimos, a União Soviética de Stalin e o Terceiro Reich de Hitler tinham pontos em comum, conforme Snyder:

> Hitler e Stalin partilhavam uma certa política de tirania: eles provocaram catástrofes, culparam o inimigo de sua escolha, e depois

usaram a morte de milhões para argumentar que sua política era necessária ou desejável.

Ambos tinham uma utopia transformadora, um grupo para culpar quando a sua realização se provou impossível e afinal a política de assassinato em massa que poderia ser proclamada como uma espécie de sucedâneo de vitória.

A gênese desses dois regimes foi relatada por dois importantíssimos correspondentes: o soviético, por John Reed, entre 1917 e 1920, o nazista por William Schirer, de 1934 a 1937 (ele voltou a viver na Alemanha novamente entre 1939 e 1940).

Embora não haja grande proximidade entre os dois em biografia, estilo, ideologia, é consensual que eles estão entre os mais influentes e renomados praticantes desse ofício.

Na lista dos cem melhores trabalhos do jornalismo americano no século XX, organizada pela New York University, Reed aparece em sétimo lugar com *Dez dias que abalaram o mundo* e Schirer em vigésimo primeiro com *Berlin Diary: The Journal of a Foreign Correspondent*.

Reed nasceu 16 anos antes de Schirer e viveu 60 anos menos que ele. Em 1904, data do nascimento de Schirer, Reed deixou a casa dos pais para estudar num colégio interno o que foi, segundo sua autobiografia, o mais importante acontecimento de sua formação.

Curiosa e relevantemente, Reed, que se tornaria militante comunista, vinha de uma família muito mais abastada do que a de Schirer. Seu avô era o segundo homem mais rico de Portland, Oregon, onde tinha a concessão de muitos serviços públicos municipais. Reed estudou em excelentes escolas, inclusive a Universidade de Harvard.

Schirer era filho de um advogado em Chicago, Illinois, cujo ápice na carreira foi ter sido promotor público federal adjunto na cidade, e que morreu cedo, obrigando o filho a trabalhar desde jovem para ajudar a sustentar a casa. Schirer estudou em escolas públicas e se graduou no respeitado, mas modesto, Coe College, em Cedar Rapids, Iowa.

Ambos quando jovens diziam com muita ênfase que sonhavam ser poeta e romancista. Ambos viajaram pela primeira vez para a Europa a bordo de navios de transporte de gado (Reed aos 21 anos e Schirer aos 23 anos). Os dois foram correspondentes na Europa para grandes veículos de comunicação impressa dos EUA.

Mas Reed se tornou uma celebridade nacional na carreira profissional muito antes do que Schirer. Sua cobertura da Revolução Mexicana em 1913 o transformou num dos jornalistas mais famosos e bem pagos no país, quando ele tinha só 26 anos.

Já Schirer, embora tivesse feito algumas coberturas importantes para o *Chicago Tribune* antes de completar 30 anos, só se tornou mesmo conhecido a partir do início da Segunda Guerra Mundial, quando estava com 35.

Após o grande êxito precoce, Reed rompeu ruidosamente com o que se poderia chamar então de "grande imprensa" e radicalizou as posições políticas. Cobriu a fase inicial do regime soviético sem compromisso com as tradicionais noções de neutralidade ou objetividade. Escrevia para periódicos partidários e nunca ocultava suas opiniões, que eram absolutamente favoráveis a Lenin e seus partidários, embora tenha tido sérios desentendimentos com eles nos últimos meses de sua vida.

Morreu em Moscou, três dias antes de completar 33 anos de idade, em 1920, vítima de tifo, e suas cinzas foram depositadas no muro do Kremlin, junto a alguns dos principais líderes da revolução e do regime soviético. Foi o único americano a merecer essa honraria. Sua vida foi representada no cinema no filme *Reds* (1981), dirigido por Warren Beatty, que também interpretou o papel de Reed.

Schirer sempre se manteve nos quadros dos meios de comunicação de massa mais importantes dos EUA até ser expelido deles pelo macarthismo, na década de 1950. Depois do *Chicago Tribune*, escreveu para o *New York Herald* e a partir de 1937 passou a integrar a equipe de Edward Murrow pela rede de rádio CBS, em Viena e posteriormente em Berlim.

Entre 1942 e 1948 trabalhou conjuntamente para a CBS e para o *New York Herald Tribune*. Mais tarde, passou a colaborar apenas com artigos para revistas mensais e se dedicou a livros de ficção e jornalísticos e a palestras, quando seu nome entrou na lista negra por sua recusa em colaborar com a caça aos comunistas instaurada pelo senador Joseph McCarthy.

Embora seguisse os princípios básicos do modelo jornalístico americano, que recusa o proselitismo e a expressão de opiniões ostensivas em reportagens, Schirer não ocultava seu desapreço pelo nazismo, em especial nos livros. Morreu em Boston, aos 89 anos de idade, em 1993. Sua vida foi representada no cinema no filme *The Nightmare Years* (1990), dirigido por Anthony Page; seu papel foi interpretado por Sam Waterston.

O estudo um pouco mais detalhado da história e da produção desses dois ícones da correspondência internacional pode ajudar a compreendê-los melhor, razão pela qual se seguem estes comentários a seu respeito. Com todas as ressalvas já feitas no capítulo "A cultura da tribo" e a serem expostas novamente nas conclusões a respeito da influência que o trabalho do correspondente pode ter na formação da opinião pública, é inegável que os escritos de Reed e de Schirer ajudaram a moldar o juízo de valor que milhões de pessoas fizeram a respeito do nazismo e do comunismo. Também por isso, o exame de sua obra pode ter algum significado.

JOHN REED

Precursor do "novo jornalismo"

Praticamente todo o trabalho jornalístico de John Reed pode se resumir à expressão de seu enorme interesse pelas relações humanas dentro de um contexto de poder político e social. Ele descrevia os acontecimentos a partir da perspectiva tanto da questão social quanto da questão humana.

Sua muito curta autobiografia, intitulada *Quase 30* (que faz parte do volume *Eu vi um novo mundo nascer*), revela diversas facetas de sua personalidade que são importantes para entender seu trabalho. O título é uma dupla referência: à sua idade (ele estava prestes a completar 30 anos) e ao símbolo com que jornalistas daquela época usavam para indicar que seu texto havia terminado (o número 30 depois do ponto-final).

Uma das mais expressivas frases de *Quase 30* é a seguinte:"Descobri que só me sinto feliz ao trabalhar intensamente em algo que gosto". Reed trabalhava compulsivamente e adorava pessoas e política e escrever sobre elas, o que era o seu trabalho.

Outra importante informação de sua autobiografia é a identificação das três pessoas que mais o influenciaram intelectualmente: Walter Lippmann, Lincoln Steffens e Charles Townsend Copeland. Sua relação com os três foi fundamental para a compreensão de seu destino no jornalismo.

Lippmann é particularmente relevante nesse aspecto porque – apesar de suas afinidades políticas com Reed, quando se conheceram em Harvard, que os levaram a fundar juntos o Clube Socialista de Harvard – ele se tornou um dos expoentes do *establishment* jornalístico americano, tanto na prática quanto na teoria. Até hoje, é venerado nas redações e escolas de jornalismo.

Steffens, bem mais idoso, amigo do pai de Reed, também era jornalista, um dos líderes do movimento conhecido como *muckraking* (ancinho), um tipo de reportagem investigativa politicamente engajada e de grande agressividade, que denunciou oligopólios e políticos corruptos no início do século XX. Copeland era um professor em Harvard, muito popular entre seus alunos por causa dos poemas que escrevia e do estilo carismático de lecionar.

É notável que Lippmann tenha sido considerado por Reed uma de suas três influências básicas, dado o distanciamento profissional que os marcou desde cedo, apesar da amizade em Harvard. Logo em sua carreira, Reed se desviou decididamente do modelo a que Lippmann se manteve fiel até morrer, em 1974, aos 85 anos. Do estilo ao conteúdo, Reed fez um jornalismo quase oposto ao de Lippmann.

O rompimento com Steffens ocorreu mais tarde, por motivos similares. O amigo achava que Reed não deveria publicar *Dez dias que abalaram o mundo* enquanto a Grande Guerra ainda estivesse em curso porque isso poderia ser interpretado como traição. Reed não concordava e se sentiu, ele sim, traído por Steffens, que no início dos anos 1930 passou a acusar o regime soviético por seus abusos contra os direitos humanos.

Com Copeland, Reed não brigou. Mas a influência do professor e poeta sobre ele foi muito mais na área do estilo do que na do conteúdo. E foi exatamente no estilo que Reed deixou sua maior contribuição para o jornalismo e para a literatura de não ficção. Embora tampouco seja desprezível o que ele fez para a divulgação da ideologia em que acreditava nos EUA e em diversos outros países, inclusive o Brasil, onde seus escritos tiveram repercussão entre os simpatizantes do socialismo e do comunismo durante muitas décadas.

Uma questão que sempre é discutida por seus biógrafos é: se Reed tivesse vivido mais, teria – como tantos admiradores iniciais – se desiludido com o governo da União Soviética. Esse tema será retomado adiante, mas evidentemente é um exercício quase fútil de mera especulação.

Da ficção ao jornalismo

Daniel W. Lehman, professor da Ashland University, em Ohio, mostra em seu excelente livro *John Reed and the Writing of the Revolution*, como Reed fez o caminho inverso de escritores famosos como Mark Twain, Ernest Hemingway e John Dos Passos, que começaram no jornalismo e se dirigiram para a ficção.

Reed começou na ficção (onde nunca fez sucesso) e terminou no jornalismo. Twain e Hemingway se cansaram das fórmulas de abordagem do jornalismo porque a narrativa tradicional desse tipo de texto pressupõe que o leitor o aceitará pelo seu valor de face, ou seja, ele confia no que lê como sendo a verdade. Já a poesia e a ficção requerem do leitor que ele questione o texto, que construa novos sentidos.

Com Reed se deu o contrário: em vez de aplicar no romance (como Hemingway) o que aprendeu com as vastas experiências de realidade com que se defrontara nas reportagens que fizera, Reed levou as técnicas da ficção para o seu trabalho de repórter.

Ele foi um precursor do movimento dos anos 1960 conhecido como "novo jornalismo" de Tom Wolfe, Gay Talese, Truman Capote e outros, que fizeram exatamente isso, só que de modo consciente, deliberado, com uma lógica teórica que os sustentava, enquanto Reed o fez intuitivamente e sozinho.

Wolfe, que detestava o conteúdo político e o tom ideológico dos escritos de Reed, reconheceu, no entanto, que ele foi "um dos poucos capazes de produzir não ficção escrita por repórter, não por um autobiógrafo ou por um cavalheiro literário numa tribuna de honra".

Reed foi capaz de aplicar no jornalismo as técnicas de poesia aprendidas, entre outros, com Copeland, e da construção de esboços de personagens de ficção no seu trabalho como repórter.

Eram instrumentos revolucionários na escrita jornalística, que só seriam plenamente admitidos nos grandes veículos cerca de meio século depois. Por exemplo, o uso da primeira pessoa para servir de narrador, que, com ironia, dá contexto e profundidade aos fatos que, de outro modo, seriam descritos de modo relatorial. A maneira como ele fazia a construção dos personagens era particularmente atraente.

Embora sua cobertura da Revolução Russa lhe tenha conferido a grande celebridade póstuma de que desfruta, foi a da Revolução Mexicana que o tornou o mais famoso jornalista de seus tempos.

E é no livro *México insurgente*, que o melhor do seu estilo de escrever pode ser encontrado. A dedicatória do livro é para o seu professor Copeland ("[E,] à medida que eu escrevia estas impressões do México, não podia deixar de pensar que jamais teria visto o que vi se não fosse pelo que você me ensinou [...] ouvi-lo é aprender a ver a beleza oculta do mundo visível"). É em *México insurgente* que a grandeza do Reed escritor pode ser mais bem avaliada.

Denunciador da guerra

A cobertura da Revolução Mexicana por John Reed tem outro significado especial para o tema deste livro. Ela marcou a primeira importante ruptura com a maneira tradicional com que o correspondente de guerra trabalhava na imprensa ocidental.

Em vez louvar implicitamente o conflito, com a glorificação dos combatentes, como o faziam os grandes nomes da época e de antes, ele – pela primeira vez que se tem registro – questionou a guerra, com a descrição de seus horrores e as intervenções críticas do narrador.

Essa distinção é muito clara quando se faz a comparação dos despachos de determinadas batalhas e incidentes enviados por Reed com os da grande estrela da correspondência de guerra daqueles tempos, o já aqui citado Richard Harding Davis.

As reportagens e entrevistas de Reed no México foram publicadas pelo jornal *New York World*, que pertencera a Joseph Pulitzer, e principalmente pela revista *Metropolitan*, a cujo editor, Carl Havey, Lincoln Steffens o havia recomendado, e que foi o maior beneficiário, além do próprio Reed, do grande sucesso que as reportagens sobre o México obtiveram: a circulação da revista aumentou consideravelmente por causa deles (chegando a circular com um milhão de cópias), assim como se ampliou muito sua influência política (o ex-presidente Theodore Roosevelt era seu colunista e a utilizava como plataforma de ataques ao presidente Woodrow Wilson).

A tradição bem-sucedida do correspondente de guerra no século XIX e início do século XX era a que ressaltava a coragem e bravura dos soldados do lado do Ocidente contra inimigos selvagens, primitivos, infiéis ou incivilizados, como os abissínios, os russos, os turcos, os boers, os filipinos, os mexicanos.

O maior nome dessa tradição é, sem dúvida, o de Rudyard Kipling, ganhador do Nobel de Literatura em 1907, autor do poema *Se...*, que cobriu a Guerra dos Boers com enorme vigor patriótico, tendo chegado a compor a "Canção do Homem Branco", em que defendia enfaticamente a liberdade de fazer guerra. Desgraçadamente, o grande apologista das guerras perdeu seu único filho, John, na batalha de Loos, na Grande Guerra, tragédia que o levou a rever em parte sua admiração pelo belicismo.

No México, a estrela da correspondência de guerra, legítimo sucessor de Kipling, era Davis, que havia se consagrado na Guerra Hispano-Americana escrevendo para o *New York Journal*, de William Randolph Hearst.

Desta vez, ele trabalhava para o *New York Tribune*, o jornal que patrocinou o patriarca dos correspondentes. Embora não o soubessem quando iniciaram sua missão, Reed e Davis travariam um duelo jornalístico importantíssimo no México.

O jovem Reed (com 26 anos) se destacaria do veterano Davis (com 53) em primeiro lugar por se distanciar do jingoísmo clássico, por reconhecer em seus escritos a brutalidade e a banalidade da guerra, embora ele não deixasse de descrever atos de coragem de seus participantes com admiração.

Além disso, Reed se ocupava com personagens que Davis considerava indignos de seu tempo e de seus escritos: solados rasos, civis humildes, camponeses, vítimas anônimas das batalhas; o racismo inerente em quase todos os textos de Davis simplesmente não existe nos de Reed (embora nestes seja possível enxergar com frequência uma dose de condescendência).

Finalmente, ele relata como os episódios sucessivos de violência acabam se banalizando para os que deles tomam parte, a ponto de a guerra se tornar uma coisa chata, aborrecida. O tom épico permanente dos escritos de Davis em Reed se alterna com o do cotidiano da brutalidade, que se impõe sobre a vibração do heroísmo.

Davis morreu três anos depois de voltar do México. Apesar do indisfarçável desconforto e de não esconder sua discordância política essencial com Reed, o considerou seu "herdeiro" como principal expoente no gênero da correspondência de guerra, devido ao absoluto sucesso de suas reportagens.

O já ex-amigo Walter Lippmann avaliou o trabalho de Reed no México muito positivamente:

> A variedade de impressões, os recursos e a cor de sua linguagem pareciam inesgotáveis [...] e a revolução de Villa, até então reportada como apenas uma amolação pequena, começou a se revelar como um movimento que mobilizava multidões de pessoas num lindo panorama entre a terra e o céu.

Verdade e mentira

No ótimo filme *Reds*, de Warren Beatty, há um diálogo entre Reed e o editor fictício Pete van Wherry (provavelmente inspirado por Carl Havey, que tinha uma relação crescentemente conflituosa com o repórter), em que este diz: "Você é o melhor desgraçado de repórter que existe por aqui. Por que diabos vai querer perder seu tempo com um monte de propaganda vermelha que ninguém vai jamais publicar?". Ao que Reed responde: "Porque esta é a verdade. Isso significa alguma coisa aqui?". E o editor replica: "Bem. Quem diabos pode dizer o que é a verdade?".

A questão da verdade, velha como Pilatos e Jesus, aparece muito nas biografias e nos textos de John Reed. O que não se sabia até a publicação de *John Reed and the Writing of the Revolution*, de Daniel W. Lehman, é que ela tem contornos mais dramáticos e contraditórios do que até então se imaginava na obra do jornalista.

O autor fez uma pesquisa rigorosa e metódica em todos os milhares de documentos que compõem o arquivo de Reed na Universidade de Harvard. O correspondente era compulsivo na coleção de documentos que usava para fazer suas reportagens e mantinha todos os cadernos de notas que utilizava ao trabalhar. Trazia consigo de suas missões muitos baús com esse material (que, às vezes, como quando retornou da Rússia, eram confiscados pelas autoridades americanas, mas que afinal lhe foram sempre devolvidos).

Isso permitiu que Lehman, um professor de Literatura especializado em não ficção, depois de ler praticamente todos os manuscritos de Reed e de os ter confrontado com reportagens e livros deles resultantes, constatasse haver diversas situações em que os fatos anotados por Reed para servirem de base para seu trabalho eram muito diferentes dos que ele contou ao público, às vezes de modo a aparentemente constituírem uma espécie de fraude.

Não é o caso de aqui discutir o problema da objetividade no jornalismo, tão velho quanto o da natureza da verdade. É difícil achar alguém que seja intelectualmente honesto que ainda defenda a tese de que a objetividade é possível no trabalho jornalístico. É impossível para o ser humano descolar-se de tudo que compõe seu intelecto e seu corpo de valores para fazer descrição completamente isenta de fatos ou palavras que testemunhou ou ouviu. Não é essa a discussão aqui.

Principalmente quando o jornalista se dispõe claramente a revelar desde o início quais são as suas simpatias e crenças ideológicas, como foi o caso de Reed no México, na Rússia e em praticamente todo o seu trabalho. E, ainda mais, quando ele resolve escrever num estilo que o aproxima da ficção, em que assume o papel do narrador, como fez Reed.

O narrador na ficção, como se sabe, dispõe de poderes e propriedades que lhe permitem ler as mentes dos personagens, prever o futuro, estar em todos os lugares e até em vários lugares ao mesmo tempo, reproduzir falas imensas sem necessidade de tê-las registrado antes em papel ou fita, de construir e rearranjar cenários e locações, até de fazer nevar nos trópicos ou chover no deserto, se assim lhe aprouver.

Mas no jornalismo, enquanto se quiser chamá-lo assim, a liberdade do narrador deve ser minimamente circunscrita pela realidade. Pancho Villa não podia ser descrito por Reed como um homem com idade e compleição física muito diversas das que sugeriam suas fotografias, não podia ser fluente em inglês nem expressar opiniões baseadas em livros que ele não poderia ter lido.

Há pelo menos umas tantas expressões de objetividade das quais não se pode fugir enquanto se está fazendo um trabalho que se intitule jornalístico. Várias inconsistências flagrantes entre a possibilidade do real e a narrativa de Reed no México já haviam sido detectadas por críticos no passado. Mas foram relevadas *in limine*, por terem sido consensualmente consideradas menores em comparação com a grandeza da obra como um todo. E provavelmente é certo que assim tenha sido, sob todos os pontos de vista.

O que Lehman revela, no entanto, embora continue sendo insuficiente para retirar Reed do pedestal de grandes jornalistas, em particular dos grandes correspondentes internacionais, é mais grave.

Lehmam prova que Reed mentiu aos seus leitores sobre como teve acesso a certos lugares e pessoas, inventou personagens que não existiram de fato para preencher vazios nas histórias que escrevia.

O que distingue Reed (e outros figurões do jornalismo flagrados em situações deste tipo, como Hunter Thompson, por exemplo) de Jayson Blair ou Stephen Glass, repórteres respectivamente do *The New York Times* e da revista *The New Republic*, demitidos sob humilhação pública quando pegos em situações muito parecidas com as que viveram Thompson e, como agora se sabe, John Reed? A qualidade do texto desculpa a fraude?

MacDonald ou Montoya?

O exemplo mais grave de dissonância entre manuscrito e reportagem apontado por Lehman aparece em situações que foram publicadas inicialmente em agosto de 1914 pela *The Masses*, uma revista mensal socialista, fundada em 1911 em Nova York pelo imigrante holandês Piet Vlag e que sobreviveu até 1917, para a qual Reed sempre contribuiu com textos de onde estivesse no mundo, por identidade ideológica com a linha editorial da publicação.

Essas reportagens e outras constituem a parte 3 do livro *México insurgente*, intitulada na edição brasileira citada "Jiménez e pontos a oeste" (originalmente "Jimenez and Beyond").

As notas manuscritas de Reed mostram que ele talvez nunca tivesse chegado junto às tropas rebeldes sem o auxílio do especulador americano com sobrenome MacDonald, um vendedor de armas com quem ele se encontrou em Chihuahua e que o convenceu a ir até as tropas de Villa em Magistral. Nos cadernos, é esse MacDonald quem conduz o repórter até as forças de Villa em Magistral.

Nos textos públicos, é um militar do Exército do México, com o nome de Antonio Montoya, "meu melhor amigo em todo o Exército constitucionalista", quem o guia, em troca de três dólares por semana, até os rebeldes.

No relato público, Reed questiona Montoya: "Mas você está em serviço ativo. Como vai poder abandonar seu regimento?", ao que Montoya responde: "Oh, está tudo bem. Não direi nada sobre isso a meu coronel. Não precisam de mim. Para quê? Eles têm outros cinco mil homens aqui!".

Lehman não faz menção de que os cadernos de Reed informem se o repórter pagou alguma coisa ao vendedor de armas para levá-lo até Magistral.

O MacDonald que aparece nos manuscritos não está em nenhum texto jornalístico de Reed. Mas um personagem com muitas das características de MacDonald surge num conto chamado "Mac-American", publicado em *The Masses* em abril de 1914, com o nome de Mac e como uma pessoa fictícia.

Mac é descrito como um homem chauvinista, cruel, racista, misógino, pessoa absolutamente repulsiva. Nos cadernos, segundo Lehman, não há muito sobre o caráter de MacDonald. Mas quase todas as situações em que Montoya está envolvido nas reportagens são vividas por MacDonald nos manuscritos.

Não há nenhum Montoya citado nos cadernos de notas de Reed, mas sua descrição física e de tipo de pessoa coincide com a de um colaborador de MacDonald, um mexicano chamado Antonio Garcia. Episódios em que esse Garcia aparece nos manuscritos são contados em reportagens como se tivessem ocorrido com Montoya.

Que importância pode ter essa mistura de ficção e realidade, mentira e verdade, para os leitores dos despachos de Reed como correspondente de guerra? Possivelmente, nenhuma. Será, no entanto, que o leitor não tem o direito de saber se o que está lendo descreve fatos, invenções ou deturpações dos fatos? Será que a credibilidade de Reed não teria sido afetada na época se o leitor soubesse que seu maior sucesso na cobertura da Revolução Mexicana, ou seja, a entrevista com Pancho Villa e seu vívido relato de como viviam suas tropas, se deveu a uma pessoa que tinha interesses materiais (o comércio de armas) no conflito? Isso não abalaria a imagem de Reed como defensor dos setores mais explorados da população e de inimigo da guerra?

A descoberta de Lehman deixa poucas dúvidas de que a manipulação feita por Reed de ficção e não ficção tinha como objetivo ocultar do público sua relação com um representante do lado "mau" e reforçar a percepção de que ele contava com a confiança e a simpatia do lado "bom" do conflito.

Lehman dá a entender que Reed já estava suficientemente enredado pela contradição entre sua ideologia e o fato de que o dinheiro que recebia da revista que o pagava provinha de empresas pertencentes aos grandes capitalistas que combatia, gente como Vanderbilt e Guggenheim, que ele tanto desprezava. A invenção de Montoya e a dissimulação de MacDonald podiam ser uma forma que Reed encontrou para não aprofundar ainda mais essa contradição.

A ruptura com o sistema

A cobertura da revolução no México fez de Reed o jornalista mais bem pago de seu tempo (US$ 500 por semana). No time de astros da *Metropolitan* (que incluía George Bernard Shaw, Joseph Conrad e D. H. Lawrence, entre muitos outros), ninguém o superava em prestígio junto ao público.

Sua imagem era utilizada em anúncios da máquina de escrever da marca Corona: "Notícias da guerra que você lê são escritas originalmente nas máquinas Corona", dizia a manchete de um anúncio, logo abaixo de uma foto de Reed retirando uma folha de papel de um modelo portátil da Corona, que era uma carta dele a seu editor: "Caramba, esta máquina é certamente uma invenção maravilhosa! Ela mudou minhas viagens de trem completamente. Agora, eu posso trabalhar um bocado no trem. Ela pesa menos de três quilos e é quase tão pequena como um cantil".

Em agosto de 1914, Reed embarcou em Nova York para Nápoles como correspondente da *Metropolitan* para cobrir a Grande Guerra. Ia de primeira classe, com nobres e grandes empresários a seu lado e operários e deportados abaixo dele.

Essa viagem aprofundou ainda mais a angústia do jornalista e revolucionário Reed diante das profundas divergências entre seu estilo de vida e suas convicções políticas. Na missão à Europa, Reed resolveu o dilema.

Sua posição de absoluta oposição à Grande Guerra e à participação dos EUA nela o distanciou de vez dos editores e proprietários da *Metropolitan* e o afastou da maioria absoluta do público americano, que aos poucos deu apoio à entrada do país na guerra e, a partir dela, passou a considerar traidor quem a contestasse, como fez Reed consistentemente.

A relação entre Reed e a revista, em particular com o editor Carl Havey, vinha se deteriorando desde seu retorno do México. Antes de ser enviado para a Europa, ele cobriu a chamada "Guerra do Colorado", a greve dos mineiros daquele estado em 1914.

Suas reportagens foram claramente engajadas a favor dos trabalhadores, denunciaram grandes anunciantes da revista, como John D. Rockefeller, e deram os nomes das pessoas (políticos, policiais, homens de negócio) responsáveis por ações violentas contra os grevistas.

Em resposta, todas as livrarias e bancas de jornais e revistas do Colorado resolveram deixar de vender a *Metropolitan*. O *publisher* H. J. Whigham e o editor Carl Havey não ficaram, como é de supor, nem um pouco satisfeitos com a repercussão negativa que os novos textos de sua estrela-mor provocaram em segmentos sensíveis de seu público.

Mas os leitores continuavam satisfeitos com eles, já que centenas de milhares se identificavam com as causas dos grevistas e tinham opinião desfavorável a respeito dos grandes capitalistas da época.

Metropolitan ou The Masses

Este era, muito provavelmente, um dos pontos centrais das dúvidas de Reed sobre continuar ou não a participar da *Metropolitan*: por seu intermédio, ele podia difundir suas ideias em um número imensamente maior de pessoas do que os que liam *The Masses*, o outro veículo de comunicação disposto a publicá-lo, e que só tinha uns poucos milhares de leitores, quase todos já adeptos das causas que ele defendia.

A viagem de primeira classe de agosto de 1914 sem dúvida parece ter aguçado a sensibilidade de Reed, pois sua primeira matéria proveniente da Europa, publicada em novembro de 1914 com o título "A Abordagem para a Guerra", o colocava em rota de colisão inevitável com o dono da revista.

Na edição seguinte, Whigham publicou um editorial que defendia posições opostas às que Reed esposara no artigo de novembro. A *Metropolitan* dizia que a Grande Guerra já estava ensinando que a revolução mundial era uma quimera, que os socialistas deviam abandonar o conceito de luta de classes e apoiar a guerra contra a Alemanha.

Na Europa, Reed não tinha acesso aos campos de batalha, era vítima contumaz da impiedosa censura do Exército francês. Seus textos, talvez por isso, pouco lembravam os relatos cheios de excitação e vida que marcaram os que haviam vindo do México. Em suas cartas a amigos, ele constatava: "Não tenho visto nada sobre o que valha a pena escrever".

Em consequência, o prestígio junto aos leitores começou a declinar, em especial porque – sem grandes descrições de eventos – as reportagens quase se limitavam a expor teses políticas (contrárias à guerra), crescentemente impopulares nos EUA.

Em consequência, a publicidade da revista passou a dar mais destaque a anúncios de textos de Richard Harding Davis (que também havia sido contratado por ela) do que aos dos de Reed. Coerente com seu estilo, Davis mostrava-se aliado da Inglaterra e da França e favorável ao engajamento americano ao seu lado. Por sua vez, Reed, embora não demonstrasse nenhuma simpatia pela Alemanha, concentrava seus escritos na crítica à guerra em si.

Em abril de 1917, de volta aos EUA, Reed foi chamado pela comissão de assuntos militares da Câmara dos Representantes para depor sobre o que havia visto na Europa e sobre o projeto de lei que permitiria ao presidente do país convocar homens para servir ao Exército.

O repórter foi desafiador em sua fala, a ponto de vê-la abruptamente interrompida quando disse que podiam atirar nele se quisessem, mas mesmo assim ele não aceitaria ser convocado para lutar numa guerra em que não acreditava.

Demitido da revista, sob o risco de ser indiciado criminalmente por sedição, Reed passou a se dedicar mais à política do que ao jornalismo, exceto pelo que escrevia para a *The Masses*.

O problema para ele era que entre seus camaradas ideológicos, muitos não o levavam a sério como militante. No filme *Reds* essa atitude é atribuída a Emma Goldman, a famosa líder anarquista, deportada para a Rússia em 1917. Ela diz: "Você é um jornalista, Jack. Quando você for um revolucionário, então discutiremos prioridades [políticas]".

Tudo indica que Reed resolveu tornar-se um revolucionário. Em agosto de 1917, ele embarcou de novo rumo à Europa. Dessa vez, não na primeira classe, mas na terceira. Para comprar sua passagem rumo à Rússia, um amigo, o escritor Max Eastman, conseguiu coletar US$ 2.000 entre alguns dos muitos admiradores de Reed e entre simpatizantes de ideias socialistas.

Seu destino final era São Petersburgo, de onde cobriria a revolução para a *The Masses* (e, depois que a revista foi fechada pelo governo dos EUA, para sua sucessora, a *The Liberator*) e traria o material para escrever seu livro mais famoso, produzido em grande velocidade (segundo Max Eastman, dez dias e dez noites, mais provavelmente em dois meses) em Nova York e que contou com prefácio de Lenin em sua edição americana de 1922. ("Recomendo-o, sem reservas, aos trabalhadores de todos os países. É uma obra que eu gostaria de ver publicada aos milhões de exemplares e traduzida para todas as línguas. [...] O livro de John Reed ajudará a esclarecer o problema do movimento operário internacional.").

O presente dramático

Na Rússia, Reed escreve não mais na condição de observador externo (como o havia feito no México), mas como um participante ativo do processo da revolução. No prefácio, ele tenta mostrar ao leitor que, apesar disso, escreveu comprometido com os fatos: "No curso da luta, minhas simpatias não eram neutras. Mas, ao traçar a história desses grandes dias, quis considerar os acontecimentos, relatando-os conscienciosamente, esforçando-me para fixar a verdade" (segundo a tradução da edição brasileira da L&PM, de 2009; na edição da Penguin Books, está escrito que ele "tentou ver os eventos com o olho consciencioso de um repórter", o que faz mais sentido para um jornalista).

O livro é a descrição dos eventos na Rússia nos dias entre o levante bolchevique em São Petersburgo de 6 de novembro de 1917 até a rendição da Guarda Branca aos bolcheviques no Kremlin, em Moscou, no dia 15 do mesmo mês. Reed faz um brilhante resumo desses acontecimentos, recorrendo com constância a documentos e íntegras de discursos e entremeando-os com seu relato pessoal como testemunha ocular de muitos desses fatos.

O recurso aos documentos dá credibilidade jornalística a suas intervenções pessoais, e estas dão ao relato jornalístico a dramaticidade de quem acompanha ao vivo o que estava acontecendo, numa mistura perfeita do ponto de vista estilístico.

Embora todos os leitores, desde a primeira edição desse livro, soubessem como a história terminaria, Reed consegue lhes oferecer um legítimo suspense como se os fatos estivessem se desenrolando no tempo presente.

A estratégia do recurso do "eu estive lá" ou do "vi com meus próprios olhos" funciona com muita eficiência no livro. O narrador muitas vezes se dirige diretamente ao leitor e não raramente com a ironia delicada que era uma das marcas registradas do texto de Reed.

O confronto feito por Daniel Lehman entre os manuscritos de Reed com o texto final do livro comprova que o autor teve grande zelo em embasar suas afirmações com provas materiais, independentemente dos pontos de vista que defendia sem disfarçá-los.

Em comparação com *México insurgente*, *Dez dias que abalaram o mundo* vai muito além da simples descrição de incidentes que o autor testemunhou. Agora, Reed oferece ao leitor mais informação de contexto, dados históricos, para situá-lo melhor no "presente dramático" da história.

Lehman constatou nos cadernos de notas o esmero do repórter para grafar corretamente os nomes dos entrevistados (presumivelmente pedindo-lhes que os soletrassem no alfabeto cirílico e depois fazendo uma transliteração aproximada) e para mudar as datas do calendário juliano para o gregoriano.

Outras mentiras

Mas Lehman de novo apreende muitas diferenças entre alguns registros nos cadernos de notas e o relato oferecido ao público. Nada tão grave quanto o episódio do tenente Montoya, mas situações similares, em que Reed mente sobre como teve acesso a determinados lugares e pessoas, sempre dando ao leitor uma impressão mais simpática de si mesmo ou de seus entrevistados.

A mais ostensiva criação fictícia de *Dez dias...* é a de um personagem chamado de Trucichca, que na verdade é, de acordo com Lehman, o próprio Reed, que teria preferido não se identificar como a pessoa que se instalou sem autorização num carro militar que iria fazer uma inspeção da frente de combates.

Lehman sugere que Reed agiu assim para não transmitir ao leitor a impressão de que os bolcheviques pudessem estar sendo desleixados em sua segurança e fazendo concessões a um jornalista americano. Nem que ele, Reed, estaria se aproveitando de sua condição para obter favores.

Além disso, Lehman também evidencia que muitos dos diálogos que Reed reproduz são resultados mais de sua imaginação do que de autênticos registros feitos por ele quando ocorreram.

O livro *Dez dias que abalaram o mundo* chama a atenção pela grande quantidade de metáforas, especialmente com referência à água e ao fogo, utilizadas pelo autor. "Maré", "chamas", "mares de chamas", "fogo", "fundido" são palavras frequentemente empregadas para descrever os acontecimentos que Reed testemunhou.

Essas metáforas parecem coerentes com os sentimentos que o autor registrara na sua autobiografia *Quase 30*, em que mostrava ter aparentemente resolvido suas contradições básicas ("Não tenho um Deus, e não quero ter; a fé é apenas outra palavra para o encontro consigo mesmo"). Quando escreveu *Quase 30*, Reed já havia encontrado Louise Bryant, que seria sua mulher e companheira em São Petersburgo, e praticamente rompido com a *Metropolitan*, prestes a seguir para a Rússia.

Pode ser que esse encontro consigo fosse ilusório. É o que sugere o romancista Henry Miller, seu amigo, no depoimento que deu a Warren

Beatty para o filme *Reds*: "Uma pessoa que está sempre interessada nas condições do mundo e em mudá-las ou não tem problemas próprios ou se recusa a encará-los".

Obra coerente

Pode ter sido essa incapacidade de enfrentar seus problemas íntimos que o levou à vida que teve (e pode ser também essa a motivação para muitos correspondentes internacionais viverem a vida que vivem).

Mas, de todo modo, Reed procurava mostrar-se aos amigos e ao público em 1917 como uma pessoa que já não tinha mais dúvidas sobre a escolha entre ser artista ou escritor, entre ser jornalista ou revolucionário, entre trabalhar para veículos de comunicação estabelecidos e ganhar um bom dinheiro ou trabalhar quase de graça para jornais e revistas que defendiam suas causas e viver de modo espartano, sofrendo as maiores dificuldades materiais.

Ao contrário de *México insurgente*, *Dez dias...* foi um livro concebido e escrito como uma unidade independente. Reed mandou poucos despachos da Rússia para a publicação imediata, devido aos sérios problemas que as revistas que se dispunham a levá-los a público estavam enfrentando nos EUA, e praticamente não os reproduziu no livro, diferentemente do que fizera antes.

Uma das poucas exceções é a entrevista com Alexander Kerensky, a última concedida por ele como primeiro-ministro do governo provisório e o principal furo de Reed na Rússia. A entrevista foi publicada pela revista *Liberator* poucos dias após ter sido realizada e é reproduzida com poucas mudanças em *Dez dias que abalaram o mundo*.

Assim, embora tenha sido redigido de maneira frenética, esse livro tem mais unidade interna do que os demais, não sofre de descontinuidades nem de dificuldades derivadas da pressa para enviar o material para a sede. Contudo, mantém o calor testemunhal, pois foi redigido apenas depois que Reed conseguiu de volta os seus baús de anotações e documentos, que lhe haviam sido tomado pelo governo americano ao desembarcar em Nova York.

Reed trabalhou em São Petersburgo em íntima associação com outros dois jornalistas americanos: sua mulher, Louise Bryant, e Albert Rhys Williams, do *New York Post*. Williams deu ao casal de compatriotas recém-chegados o tratamento típico da cultura da tribo dos correspondentes: acolheu-os como se fossem membros da família e lhes deu toda a assistência material e logística possível, inclusive no que se refere ao entendimento da língua.

Reed teve muitas dificuldades com o russo, tanto para entender quanto para se expressar. Ele não se refere a esses problemas no livro, mas o filme *Reds* faz menções perfeitamente verossímeis a elas. Reed e Williams compartilhavam entre si além da camaradagem profissional, a ideológica. Eles diziam ser os únicos repórteres americanos na Rússia a colocar o socialismo acima do patriotismo.

Foi a questão do patriotismo que provocou o rompimento entre Reed e o amigo e protetor Lincoln Steffens. Uma troca de cartas entre os dois em 1918 documenta o desentendimento que os afastaria definitivamente.

Reed reclama ao amigo que nenhuma editora do *establishment* se dispunha a publicar suas histórias da Revolução Russa. Steffens recomenda-lhe que tenha calma, pois a publicação dos eventos da Rússia enquanto os EUA ainda estivessem em guerra poderia ser considerada como antipatriótica ou até antidemocrática por muitas pessoas.

Steffens volta ao tema da dissonância interna de Reed entre o intelectual e o político: "Um poeta é mais revolucionário do que qualquer radical", diz ele, lamentando que Reed tivesse se tornado um doutrinário, que "não sorri mais", desde seu retorno da Rússia.

Apesar das dificuldades, Reed conseguiu publicar seu livro nos EUA em 1919. A reação inicial a ele em geral foi positiva, mas a repercussão, pequena. Foi com o correr do tempo que o impacto do livro cresceu.

Na União Soviética, no entanto, ele foi proibido a partir de 1924 porque o regime stalinista achou que ele omitia o papel desempenhado por Joseph Stalin na revolução (seu nome só é mencionado duas vezes) e dava excessivo destaque a seu maior inimigo, Leon Trotsky. Levou mais de meio século para que *Dez dias...* pudesse novamente circular na União Soviética.

O banimento de sua principal obra pelo Estado que ajudou a criar e pelo qual deu a vida é uma das razões por que diversos autores acham que Reed, se tivesse sobrevivido ao tifo, teria logo rompido com o regime soviético. Trata-se, claro, de uma especulação que não pode ser comprovada.

O filme *Reds* dá a entender que ele já vinha num processo de desgaste de sua relação com o governo soviético, que alterava seus textos e discursos para acomodá-los à linha ideológica tida como necessária para o momento.

O escritor e o mito

Em seu livro sobre Reed, Daniel Lehman faz uma pergunta importante: o que seria da sua reputação literária (ou jornalística) atualmente se as pessoas ignorassem os contornos dramáticos e românticos de sua notória vida? Será que seus textos, apresentados ao público anonimamente, receberiam o mesmo tipo de elogios entusiasmados que recebem sob a assinatura de alguém que praticamente se imolou ainda muito jovem aos ideais em que acreditava e teve seu nome transformado em quase mito?

Importantes intelectuais que estão no extremo oposto da posição que Reed ocupava no espectro ideológico elogiam o trabalho que ele fez, tanto do ponto de vista de conteúdo quando de estilo.

O diplomata e historiador George Kennan, um dos maiores especialistas em União Soviética da segunda metade do século XX e anti-comunista convicto, é um deles: "O relato de Reed dos eventos daquele tempo fica acima de qualquer outro registro contemporâneo pelo seu poder literário, seu comando do detalhe".

Há, evidentemente, quem discorde. A historiadora Christine Stansell acha o trabalho de Reed geralmente superficial, incapaz de dar conta dos diversos antagonismos e complexidades dos eventos que descrevia. Para ela, Reed fazia uma espécie de literatura de viajante, examinava os fatos a partir de uma ótica etnocêntrica e se retratava como um herói romântico, aliado dos humildes e oprimidos, a quem tratava de maneira condescendente.

Apesar da inevitável controvérsia a respeito dele, o trabalho de Reed é vital para a história do jornalismo e da correspondência internacional. Ele foi o primeiro a romper com a perspectiva glamorosa da guerra que prevalecia sem nenhuma contestação até seus escritos do México em 1913.

Num período em que também não se questionava a ideologia da "notícia objetiva", ele se lançou no terreno absolutamente inexplorado de mostrar ao leitor suas convicções às claras e o seu papel, como narrador subjetivo, dos fatos que descrevia.

Poucos jornalistas exemplificaram melhor do que ele a possibilidade de superar o que George Lukacs condenava: os mecanismos abstratos que definem o jornalismo como uma espécie de *commodity* e que derivam, segundo a linguagem dura do filósofo húngaro, da "falta de convicções [dos jornalistas] e da prostituição de suas experiências e crenças".

Por inconsequência ou determinação (é impossível saber, só ele poderia dar a resposta), Reed pagou o mais alto preço devido às opções profissionais e políticas que adotou. Entre seus amigos e contemporâneos com inclinações ao socialismo e com estatura equivalente nos EUA e no Reino Unido (Lippmann, Steffens, George Orwell, George Bernard Shaw e outros), foi o único que não encontrou um lugar relativamente confortável no *establishment* jornalístico e cultural para se acomodar. Se ele tivesse vivido mais, será que teria se ajeitado como os demais? De novo, uma especulação sem resposta.

Mas Reed conseguiu criar para si próprio, com grande eficácia, uma *persona* que sobrevive, incólume, quase um século depois de sua morte. Ele tem sido visto como uma pessoa absolutamente leal a seus princípios e à luta dos operários, como um intelectual engajado em causas nobres e como jornalista competente.

As recentes evidências de que ele se permitiu liberdades com a mistura de ficção e não-ficção que muito provavelmente passaram dos limites éticos em geral aceitos pela categoria profissional não deverá influir muito no julgamento futuro de seu valor. No entanto, é importante levá-las em conta quando se analisa a contribuição de John Reed para o jornalismo e para a correspondência internacional e quando se prospecta o futuro dessa atividade.

WILLIAM L. SCHIRER

Idealista prudente

Como John Reed, William Louis Schirer também sofreu perseguições nos EUA por suas convicções políticas e ficou anos sem conseguir quem o empregasse na mídia estabelecida. Ao contrário de Reed, no entanto, foi suficientemente prudente para garantir a sobrevivência até os 89 anos de idade. Como estava na lista negra do macarthismo dos anos 1950, passou a viver de conferências e de livros sobre temas históricos.

Ele conseguiu opor-se a um dos mais cruéis regimes políticos da história, o do nazismo na Alemanha, com as armas do modelo hegemônico do jornalismo. Não foi omisso quando precisou tomar decisões pessoais não diretamente vinculadas à sua profissão (como dar abrigo em sua casa a judeus perseguidos pela Gestapo), mas não se expôs a ponto de colocar em risco sua própria segurança e de sua família. Quando teve informações confiáveis de que estava prestes a ser preso, teve o bom-senso de escapar para seu país.

Durante os anos iniciais da Segunda Guerra Mundial, Schirer ficou muito famoso nos EUA pelo seu trabalho no nascente radiojornalismo, dos quais foi um dos pioneiros. Depois, foi capaz de integrar "o seleto grupo de jornalistas que com sucesso fazem a transição do registro das notícias para a escrita da História", como afirmou o diário londrino *The Times* em seu obituário.

Seu estilo de redação estava longe de ser revolucionário como o de Reed, mas também tinha toques pessoais e não ocultava do leitor (e ouvinte) suas preferências ideológicas.

Durante a Segunda Guerra, isso era ao mesmo tempo cômodo e perigoso, já que suas opiniões estavam em acordo com as da maioria de sua audiência e eram em geral bem-vindas em seu país natal, mas provocavam enorme risco no lugar em que atuava, onde a oposição não era minimamente tolerada e podia ter como consequência prisão ou morte.

A prudência de Schirer ao lidar com os nazistas e com as regras do jornalismo é um bom contraponto ao arrojo de Reed. Pode-se argumentar que Reed estava do lado do governo na União Soviética, mas ele não sabia quem iria vencer quando se aliou claramente aos bolcheviques durante a revolução. Se os mencheviques tivessem saído como ganhadores do confronto, é muito provável que Reed fosse perseguido brutalmente por eles.

Schirer foi capaz de conviver com os nazistas por muitos anos, tê-los como fonte, deixar-se usar para obter as informações de que precisava para fazer o seu serviço, sem, no entanto, comprometer seus princípios. De modo similar, ele se relacionava com diplomatas (e até oficiais de inteligência) dos EUA, aproveitava dicas que eles lhe ofereciam, sem se tornar um espião ou agente do governo americano.

A infância e juventude Schirer não foram fáceis. Seu pai era um modesto advogado que morreu jovem, o que obrigou o filho a trabalhar desde cedo. Ele não frequentou universidades de elite, embora o Coe College, onde se formou, tenha boa reputação e sua principal mentora intelectual, Ethel Outland, fosse considerada uma das melhores especialistas em jornalismo do país à época.

Foi tentar a sorte na Europa aos 21 anos, sem emprego e com apenas US$ 1.000 que lhe foram emprestados pelo diretor do Coe College. Trabalhou para o *Chicago Tribune* e para o *International Herald Tribune*. Cobriu a chegada de Charles Lindbergh a Paris após o primeiro voo transatlântico da história. Viajou para a Índia, onde foi um dos primeiros jornalistas a dar atenção extensiva a Gandhi.

O ovo da serpente

Em 1934, recém-casado com uma austríaca, Schirer foi contratado como correspondente em Berlim pela Universal News Service, agência de notícias do grupo de William Randolph Hearst, que encerrou suas atividades três anos depois. Desempregado em Berlim, Schirer recebeu uma oferta da CBS, a rede de rádio, que estava começando seus serviços de jornalismo na Europa sob a direção do lendário Edward Murrow, e aceitou-a.

Deslocado para Viena, continuou a cobrir o nazismo, em especial depois da anexação da Áustria pela Alemanha em 1938. No ano seguinte, ainda pela CBS, voltou a ser sediado em Berlim, onde ficou até 1940, quando resolveu ir embora para se safar da prisão, que parecia iminente, devido ao descontentamento do regime com seus despachos.

Os seis anos de Schirer sob o nazismo estão relatados no livro chamado *The Nightmare Years* e no seriado com o mesmo título que foi exibido pela emissora de TV paga TBC nos EUA em 1989. Eles também serviram de base para a coleção de quatro livros *Ascensão e queda do Terceiro Reich*, que foi um grande êxito de vendas nos EUA na década de 1960 e se constitui um dos mais completos relatos do período do nazismo no poder até hoje publicados.

Ambiente do nazismo

As reportagens de Schirer e seus livros sobre o início da era de Hitler não davam trégua à maioria dos cidadãos comuns da Alemanha, que lhe pareciam completamente fascinados pelas realizações do *führer*.

Schirer havia visitado extensivamente a Alemanha de Weimar e tinha muitos amigos lá. Quase todos liberais, artistas, socialistas. Ele se descrevia atônito ao constatar que poucos deles não se haviam deixado contagiar pelo entusiasmo diante do nazismo a ponto de se mostrarem dispostos a abrir mão de direitos e liberdades básicas para que se continuasse o trabalho de "reconstrução" da dignidade, da economia, das tradições nacionais que achavam estar sendo empreendido por Hitler.

Ao desembarcar em Berlim, Schirer teve uma amostra do que o esperava: foi abordado por policiais, que o interrogaram demoradamente porque achavam que, por ser jornalista americano e estar chegando quase no mesmo horário em que Dorothy Thompson – a primeira correspondente internacional deportada pelo regime nazista – estava embarcando para fora do país, pudesse haver alguma conexão perigosa entre os dois. Mas eles mal se conheciam e evidentemente não haviam combinado que seus horários de chegada e saída da estação de trem em Berlim coincidissem.

A primeira grande missão de Schirer no novo posto foi cobrir a famosa convenção anual do Partido Nacional Socialista em Nuremberg, um dos mais impressionantes espetáculos de propaganda política jamais realizados, e que foi registrado magistralmente em filme por Leni Riefenstahl.

Schirer fez descrições dos discursos de Hitler e seus aliados, do clima de enorme excitação das multidões que os ouviam e participavam das atividades do congresso, das coreografias das multidões encenadas por Joseph Goebbels e seus discípulos na cidade medieval de Nuremberg. Isso somado à descrição da acusação suave porém implacável da adesão quase unânime da sociedade alemã ao regime que suas reportagens faziam. Tudo isso é um formidável testemunho do ambiente social que nutriu o regime que deveria ter durado mil anos segundo os planos nazistas (e foi em Nuremberg que Hitler pela primeira vez anunciou sua pretendida extensão no tempo para o Terceiro Reich), mas sucumbiu após apenas 12. Como Schirer mesmo escreveu, "foi a melhor introdução possível para o mundo de pesadelos que Adolf Hitler estava começando a criar em sua terra adotiva".

A rede social

Para fazer bem seu trabalho como correspondente, Schirer resolveu logo estabelecer uma ampla rede social. Procurou não só diplomatas, colegas de profissão, autoridades do governo, como pessoas comuns. Era seu costume, por exemplo, usar o transporte público e conversar o máximo possível com os passageiros que o acompanhavam para poder sentir bem como estavam os ânimos da sociedade em relação ao governo e seus planos.

Uma das chaves do sucesso de Schirer como correspondente foi o fato de ele não ter hostilizado algumas das pessoas mais importantes do regime, que pareciam interessadas em tentar obter sua simpatia, entre eles Herman Goering, o segundo mais poderoso do governo, e Goebbels, o ministro da Propaganda, que, entre outras missões, tentava controlar o trabalho dos jornalistas estrangeiros que atuavam no país.

Talvez colegas mais puristas se recusassem a participar das recepções que essas e outras autoridades do governo costumavam oferecer aos correspondentes.

Schirer achava que valia a pena estar presente e ganhar uma dose de confiança dessas pessoas para ter acesso a informações e lugares, o que se mostrou decisivo em algumas situações, como se verá mais à frente. Mas ele não deixava de escrever o que achava necessário, com mínimas concessões aos desejos dos nazistas.

Uma de suas palavras de ordem para si mesmo era: quando proibido de escrever alguma coisa sobre determinado evento, o ignorava por completo em vez de dar ao seu público a versão desejada pelo governo alemão. Ele agiu, assim, por exemplo, quando foi convidado a visitar as tropas alemãs em Calais e descobriu que, ao contrário do que sugeriam as autoridades nazistas, não seria dali que partiria um eventual ataque à Inglaterra, em episódio que será descrito em mais detalhes nas próximas páginas.

Censura e riscos

Apesar de seu ceticismo em relação a Hitler, Schirer reconhece que em algumas ocasiões, até ele se deixou enganar pela retórica do *führer.* Por exemplo, em maio de 1935, quando Hitler fez um discurso ao Reichstag em que anunciava as intenções pacíficas da Alemanha em relação à Europa: "Eu, que tinha sido zombeteiro em relação aos alemães que engoliam a propaganda de Hitler, deveria ter incluído a mim mesmo entre eles".

A censura ostensiva sobre o trabalho dos correspondentes só teve início com a deflagração da guerra, mas as pressões para que eles moldassem seus textos aos desejos do governo ocorreram desde 1933.

Os correspondentes eram constantemente alertados pelas autoridades do Ministério da Propaganda designados para acompanhar suas atividades: "Escrevam sobre os fatos da Alemanha com total liberdade, mas não tentem interpretá-los. Só a História será capaz de avaliar os eventos que ocorrem na Alemanha de Hitler". Esse mote era exaustivamente repetido pelos nazistas aos correspondentes em todas as ocasiões possíveis.

Um dos aspectos importantíssimos que ele e seus colegas estrangeiros tinham de levar em conta era que suas fontes e contatos podiam correr risco de perder a liberdade ou a vida pelo simples fato de se relacionar com jornalistas de outros países (ainda mais os que mandavam despachos desfavoráveis ao governo). "Eu logo aprendi como era importante proteger minhas fontes, os homens e mulheres que com grande risco me davam informações que o governo tentava suprimir a todo custo".

Um pastor protestante que era um dos principais contatos de Schirer para assuntos referentes a violações de direitos humanos foi preso e condenado à morte pelos nazistas, e o correspondente se questionava até que ponto suas reportagens baseadas em dicas que recebera do religioso não poderiam ter contribuído para seu destino (para alívio de Schirer, a sentença de morte foi depois comutada e transformada em prisão perpétua).

Antes do início da guerra, Schirer concentrou sua pauta no cotidiano da Alemanha nazista. Escrevia extensivamente sobre escolas, fábricas, artes, hospitais, sobre a Juventude Nazista. Com isso, compôs um magnífico mosaico do que era essa sociedade que dava amparo leal e inquestionável ao líder que lhe parecia um salvador nacional e, com isso, lhe conferiu uma condição política suficiente para ser cada vez mais ousado até levar o mundo à conflagração mais destrutiva da história.

Essa preferência por matéria de interesse humano apenas em parte decorria das preferências do correspondente. Ela também era produto da pouca disposição de seus editores em aceitar reportagens sobre política, que lhes pareciam complicadas e enfadonhas.

Pena que aparentemente o público de Schirer nos EUA, distraído pelas preocupações mais urgentes das consequências da Grande Depressão, não estivesse muito interessado em seus relatos sobre a Alemanha, nem em seus aspectos políticos, nem no enfoque social e humano. Seus despachos para a UNS nem sempre tinham acolhida nos jornais que assinavam seus serviços e que cada vez menos pareciam interessados em renovar seus contratos com a agência, que se tornou deficitária e foi fechada por Hearst.

O início do rádio

Quando Schirer contemplava a possibilidade de retornar aos EUA por falta de oportunidades de trabalho na Europa, Edward Murrow o procurou com uma oferta para ser o primeiro correspondente da CBS no continente europeu (o próprio Murrow já trabalhava para a rádio em Londres).

Schirer aceitou com entusiasmo, ainda mais quando soube que o posto seria em Viena, terra natal de sua mulher, perto, mas fora, do ambiente a cada dia mais tenso do nazismo alemão.

Quando soube que teria de fazer um teste de voz para ser contratado, ele teve o primeiro indício de que as coisas no jornalismo de rádio difeririam muito do que estava acostumado a fazer para o impresso. "Meu emprego depende de meu timbre de voz?", reagiu incrédulo.

Muito mais grave, Schirer constataria, eram as prioridades de pauta que ele receberia de Nova York. Nem política nem questões sociais pareciam ser de grande interesse para os editores. Numa antecipação do jornalismo eletrônico atual, as principais preocupações de Schirer eram com os passeios do duque e da duquesa de Windsor pelo continente, as estreias de óperas e os recitais dos Meninos Cantores de Viena.

Mas os fatos dramáticos daqueles tempos conturbados acabariam por resolver esses problemas do correspondente porque eles sobrepujariam os editores. No dia 13 de março de 1938, ocorreu o que Nicholas Lemann, diretor da Faculdade de Jornalismo da Universidade de Colúmbia em 2010, definiu como "o nascimento do jornalismo eletrônico", em artigo de 2006 para a revista *The New Yorker*.

Naquele domingo, quando as tropas alemãs entraram em Viena para anexar a Áustria, Schirer estava em Londres e de lá ele coordenou um programa ao vivo em que jornalistas em diversas cidades da Europa noticiaram e comentaram os acontecimentos.

Os únicos dois contratados da CBS eram Murrow (que estava em Viena naquele dia, embora fosse baseado em Londres) e o próprio Schirer (em situação exatamente inversa). Schirer foi encarregado de contatar e contratar colegas jornalistas em diversos países e ele foi o primeiro âncora da história do jornalismo eletrônico.

A transmissão foi um enorme sucesso de público. A CBS resolveu que deveria investir pesadamente em jornalismo internacional dali em diante e mandou para a Europa diversos entre seus mais talentosos repórteres. Com o início da guerra, um ano depois, Schirer foi enviado de volta para Berlim e dali se tornou um dos jornalistas mais conhecidos e respeitados dos EUA.

Em seu livro autobiográfico, Schirer descreve diversas situações tensas entre ele e seus editores em Nova York, que pareciam concordar com os que o aconselhavam na Alemanha nazista a não tentar interpretar os fatos, apenas reportá-los. Os editores diziam que as opiniões dos correspondentes não eram importantes.

O que estava por trás dessa atitude era o fato de que, até meados de 1941, a opinião pública americana estava muito dividida entre os que eram a favor do engajamento dos EUA com os aliados e os que preferiam o não envolvimento, a neutralidade na guerra.

Schirer claramente simpatizava com o Reino Unido e a França e achava importante que os EUA os ajudassem. Sua posição transparecia em vários de seus despachos, o que incomodava os editores, que tratavam de tentar refreá-lo para não despertar a antipatia da grande parcela de ouvintes que preferia os EUA longe do conflito.

Apesar de não ser consensual, a participação dos EUA na guerra vinha ganhando simpatia crescente entre os americanos. A CBS, ao investir na cobertura dos eventos na Europa a partir de 1938, apostava na continuidade dessa tendência, o que de fato ocorreu.

Os jornalistas eram vistos como uma espécie de propagadores dessa simpatia. O filme *Correspondente estrangeiro*, do britânico Alfred Hitchcock, começa com uma dedicatória simbólica: "A esses intrépidos que atravessaram os mares para serem os olhos e ouvidos da América...".

Esse ambiente favorável aos correspondentes ajuda a explicar a enorme popularidade de que Schirer e Murrow, entre outros, desfrutaram naqueles anos.

Os grandes furos

Para o bem e para o mal, a reputação de Schirer como um dos melhores correspondentes internacionais de todos os tempos decorre principalmente de dois grandes furos que ele conseguiu nos primeiros anos da Segunda Guerra Mundial, um deles, o mais sensacional, por razões que em parte ele nunca foi capaz de exatamente determinar. As duas matérias para a CBS inflaram seu prestígio junto ao público americano e aos colegas, mas também o colocaram de uma vez por todas na lista dos inimigos ostensivos do regime nazista.

O primeiro foi o anúncio dos termos da rendição da França à Alemanha, que a CBS transmitiu horas antes de o Ministério da Propaganda alemão (ou qualquer veículo de comunicação) o fazer.

Esse episódio enfureceu o próprio Hitler, que esperava, com a comunicação oficial ao povo alemão da vingança de Versalhes, ter um de seus momentos de maior glória na vida (o que ocorreu, de qualquer modo, mas foi estragado pela antecipação da CBS). A imediata expulsão de Schirer do país chegou a ser discutida na cúpula do governo alemão, que acabou por decidir que ela seria contraproducente então.

Os correspondentes internacionais haviam sido convidados pelo governo alemão para registrarem a distância a negociação do armistício com a França, na floresta de Compiègne, no mesmo vagão de trem onde os comandantes do Exército alemão haviam assinado o armistício de 1918.

Eles puderam ver no dia 21 de junho de 1940 a chegada de um exuberante Hitler ao local. No dia seguinte, quase todos os colegas de Schirer foram embora por acharem que a negociação sem a presença de Hitler ainda demoraria muito.

Mas ele ficou porque um amigo seu, do Alto Comando do Exército alemão, lhe havia dito que a chance de o armistício ser assinado no dia 22 era enorme. Desde a chegada à Alemanha em 1934, Schirer havia sido muito hábil em explorar a má vontade de muitos oficiais do Exército em relação a Hitler.

Eles eram leais ao *führer* por dever e formação, mas muitos não o toleravam (menos por razões de ideologia, mais por ser austríaco, pouco educado e por sua carreira militar nunca o ter levado acima da patente de cabo). O furo de Compiègne foi apenas uma das situações em que essas amizades por ele cultivadas lhe foram de grande valia.

Outro motivo por que os correspondentes foram embora no dia 22 foi o fato de o próprio Hitler, em pessoa, lhes ter comunicado na véspera que o anúncio da assinatura do armistício, quando e se ocorresse, seria comunicada em Berlim por ele próprio, e não por ninguém mais em Compiègne.

Assim, Schirer era praticamente o único repórter no local (alguns jornalistas alemães, inclusive os da rádio oficial do governo, também ficaram). O amigo militar o avisou que suas transmissões deveriam ser mandadas para Berlim, onde seriam gravadas, e que só depois do anúncio oficial a ser feito por Hitler, quando ocorresse, é que elas poderiam ser mandadas para Nova York. Schirer aquiesceu e foi para o *trailer* que havia sido destinado para os jornalistas de rádio ficarem enquanto aguardavam os acontecimentos.

Mas ao lado desse *trailer*, havia um caminhão de rádio do Exército, que captava as conversas entre os negociadores alemães e franceses no vagão de trem. Como os únicos jornalistas presentes eram da rádio estatal, a vigilância dos responsáveis pela imprensa, rígida na véspera, estava completamente relaxada. Schirer ouviu tudo que quis das tratativas entre os comandantes da Alemanha e da França sem nenhuma restrição. Como seu amigo havia dito, de fato o acordo foi fechado naquele mesmo dia.

Às 20h15 de 22 de junho de 1940, mais de 12 horas antes de Hitler fazer o anúncio oficial, William Schirer começou uma transmissão de 30 minutos sobre os termos do armistício entre Alemanha e França, riquíssimo de detalhes a que ninguém poderia ter tido acesso público.

Ele supunha estar falando para os estúdios da rádio estatal alemã, onde seus despachos estariam sendo gravados para liberação no dia seguinte, após a coletiva que Hitler daria para noticiar o fim das negociações.

Apesar disso, Schirer resolveu, antes de dar início ao despacho, chamar diversas vezes, por alguns minutos, a CBS, como se estivesse falando diretamente com Nova York, para dar mais calor e veracidade à notícia.

Mas, de fato, Schirer estava falando com Nova York, embora devesse estar transmitindo para Berlim. "Muitos furos são basicamente uma questão de sorte. Os engenheiros da rádio estatal em Berlim que receberam a minha transmissão de Compiègne ligaram o botão errado. Em vez de mandar a minha fala para os gravadores do Reichs Rundfulk, eles a enviaram para um transmissor de ondas curtas em Zossen, de onde ela foi direta e instantaneamente para Nova York", relata Schirer.

Para piorar o estrago, os despachos de Schirer desde Compiègne, a pedido do governo alemão, também iriam para a NBC, a outra grande rede de rádio americana, que não havia sido capaz de mandar um enviado especial até lá. Assim, sua transmissão foi ouvida por praticamente toda a população americana, que se dividia entre ouvintes da CBS e da NBC.

A repercussão foi enorme. Em Londres, Ed Murrow quis saber o que o premiê Winston Churchill tinha a dizer sobre o armistício, e a resposta do governo britânico foi de que ele não acreditava que a negociação tivesse sido já encerrada. Os britânicos achavam que a notícia só seria comunicada pelo governo alemão.

Todos os grandes jornais americanos creditaram a Schirer o furo e ressaltaram que aquela era a primeira vez que um anúncio oficial de Hitler havia sido revelado com antecedência (e provavelmente foi também a última).

O ditador mandou que fosse apurada a responsabilidade pelo incidente. Schirer foi interrogado pelo Exército e pelo Ministério da Propaganda e disse que não sabia o que havia ocorrido e que ele havia seguido todas as orientações que recebera das autoridades alemãs. Em seu livro de 1980, afirma que nunca soube se foi um lapso ou sabotagem. Schirer também não registrou em seu livro se alguém foi punido pelo erro.

A invasão que não houve

O outro grande furo foi em Calais, também na França, em 14 de agosto de 1940. Os correspondentes internacionais haviam sido convidados pela Força Aérea alemã a visitarem as suas bases de operação naquela cidade.

O objetivo parecia ser passar à opinião pública e aos governos aliados e seus simpatizantes (no caso dos EUA) a impressão de que uma grande invasão da Inglaterra estava sendo preparada para partir de Calais.

Mas Schirer havia sido alertado por um amigo, que era adido naval da Embaixada dos EUA em Berlim (e provavelmente um agente de inteligência) que possivelmente isso seria apenas uma armação para distrair e confundir a defesa britânica.

Esse mesmo amigo já havia dado a Schirer informações importantes quando o correspondente aceitou o convite da Marinha alemã para visitar suas bases em Kiel, no Natal de 1939.

Schirer fez então um simpático programa sobre a celebração natalina a bordo de navios e submarinos alemães (parte de seus gestos de boa vontade para conseguir informações dos militares), mas, orientado pelo adido naval americano, também foi capaz de fazer observações sobre o estágio de construção de navios da frota germânica, inclusive o famoso Dunquerque.

Com a descrição do que vira em Kiel, depois de ter sido instruído tecnicamente pelo militar americano, Schirer pôde ter uma ideia mais precisa do que a Marinha alemã era ou não capaz naquele momento da guerra.

A relação entre o correspondente e esse adido naval era complicada, do ponto de vista ético. O filme *The Nightmare Years* mostra que Schirer resistia aos avanços do adido, que lhe queria passar dados secretos e receber dele informações que não podiam ser levadas ao ar mas poderiam ser úteis à inteligência americana. O filme põe na boca de Schirer a seguinte fala: "Eu não trabalho para o governo; eu sou um repórter", ao que o militar responde: "Você precisa decidir de que lado está".

Nesse caso, o furo de Schirer foi o de não passar informação errada aos seus ouvintes, o que muitos colegas fizeram, deixando-se cair nos argumentos dos militares alemães que tentavam convencê-los da proximidade da invasão da Inglaterra.

Schirer não comprou a história porque, ao longo da viagem, tentou achar os indícios dos preparativos para uma operação de tal envergadura, de acordo com o que lhe havia instruído o adido. Como não viu esses indícios, ao contrário, Schirer transmitiu despachos sem referências à possibilidade de uma invasão alemã da Inglaterra.

O historiador

A situação de Schirer na Alemanha após esses dois incidentes piorou muito. A censura sobre suas transmissões intensificou-se. Cada vez mais lhe era difícil dar ao público americano qualquer informação de maior utilidade. Suas opiniões, muito menos.

Além disso, o cerco pessoal contra ele também aumentou. Acumulavam-se indícios de que ele poderia ser o próximo alvo entre os correspondentes estrangeiros de acusações de espionagem ou de violação de algumas das leis antissemitas, o que poderia levar à sua expulsão do país ou mesmo à prisão. Assim, ele decidiu partir. Em outubro de 1940, mandou a família para Lisboa e, de lá, para os EUA. Dois meses depois, ele também foi.

Uma de suas preocupações era como sair com seus diários de notas, que seriam a base de todo o seu trabalho futuro. Se os destruísse, estaria perdendo anos de valiosas informações e análises, que ele sabia que poderiam ser (como foram) vitais para seu sustento.

Se deixasse que caíssem nas mãos dos nazistas, colocariam em risco a segurança de diversas pessoas que tinham seus nomes ali anotados. Ele decidiu pôr os diários em grandes baús metálicos e embaixo de centenas de *scripts* de suas transmissões, todos eles aprovados previamente pela censura. Levou os baús à Gestapo e disse que gostaria que ela os inspecionasse e colocasse um selo de aprovação a fim de ganhar tempo no embarque no dia seguinte, quando seu voo partiria ao amanhecer.

Ao verem uma montanha de *scripts* com a aprovação da censura, os agentes logo liberaram os baús e colocaram o selo que evitou nova inspeção no aeroporto, embora alguns agentes tivessem feito menção de que abririam os baús de qualquer modo.

De volta aos EUA, Schirer continuou a trabalhar para a CBS, fazendo comentários sobre a guerra. Retornou à Alemanha depois da derrota nazista, fez excelentes reportagens sobre a Berlim destruída e cobriu o julgamento de Nuremberg. Foi demitido pela CBS em circunstâncias não totalmente claras (seu relato e o de Ed Murrow das desavenças entre os dois que levaram ao desenlace divergem radicalmente) e encontrou dificuldades para sobreviver, após entrar na lista negra do macarthismo na década de 1950.

A saída que encontrou foi virar historiador e conferencista, a princípio quase exclusivamente dedicado a temas referentes ao nazismo, mas depois sobre assuntos mais diversificados, como Gandhi e Tolstói. Também tentou, sem sucesso de público nem de crítica, aventurar-se na ficção, com alguns romances que passaram praticamente ignorados.

Sua grande obra como historiador é, sem dúvida, *Ascensão e queda do Terceiro Reich*. Para produzi-la, gastou cinco anos e meio pesquisando 485 toneladas de documentos do Ministério das Relações Exteriores da Alemanha capturados pelo Exército dos EUA, além de todos os documentos apresentados por acusação e defesas no julgamento de Nuremberg, milhares de registros de conversas telefônicas entre líderes nazistas, anotações estenográficas de reuniões, diários inéditos do chefe de gabinete de Hitler e todos os arquivos confidenciais do governo nazista que caíram em mãos dos militares americanos.

Ao escrever o livro, Schirer diz ter procurado ser

> rigorosamente objetivo, deixando que os fatos falassem por si próprios e anotando a fonte de cada um deles. Nenhum incidente, nenhum episódio ou citação provém de minha imaginação: baseiam-se todos em documentos, em depoimentos de testemunhas oculares e em minha própria observação pessoal. Em algumas passagens há certa especulação, devido à ausência de fatos positivos, mas ela está claramente rotulada.

Essa declaração de princípios pode soar um pouco ingênua. Afinal, o que garante veracidade a qualquer documento? Por que se deve acreditar piamente no depoimento de testemunhas oculares? Por que a sua observação pessoal pode ser considerada "rigorosamente objetiva"? Mas Schirer mostra aqui uma disposição de não adulterar fatos que deveria ser constante no trabalho jornalístico.

No prefácio desse portentoso trabalho, Schirer faz uma afirmação que deveria conferir aos correspondentes certa dose de humildade, e que coloca em boa perspectiva a importância do trabalho de correspondentes internacionais, frequentemente exagerada tanto pelos que o praticam quanto pelos que o consomem: "É realmente extraordinário que nenhum de nós, jornalistas e diplomatas que nos encontrávamos na Alemanha durante o nazismo, soubéssemos o que estava efetivamente ocorrendo atrás da fachada do Terceiro Reich".

Conclusão

A ocupação profissional de correspondente internacional, glorificada no fim do século XIX e início do XX, passa – como toda a atividade jornalística – por grave crise de identidade nesta nova virada de século.

Este livro tem o objetivo de fazer uma exploração analítica dessa função profissional. Esforça-se para não cair nas tentações de idealizar um trabalho que não tem as características de heroísmo e grandeza que lhe foram imprimidas em seus tempos de esplendor nem de escorregar para a crítica simplista que lhe foi impingida por quem enxerga nele pura ideologia a serviço de interesses econômicos ou políticos.

Além disso, faz o possível para identificar, definir e explicar algumas linhas de ação partilhadas por correspondentes internacionais devido às necessidades e obrigações que são similares, apesar das especificidades de tempo, espaço e cultura, com ênfase nos brasileiros da virada do século.

Algumas conclusões provisórias podem ser extraídas dos textos que antecedem a conclusão. Uma delas é que há, de fato, dificuldades sistêmicas no trabalho do correspondente internacional no sentido de produzir relatos capazes de fornecer à sua audiência um retrato aceitável dos assuntos de que trata. Ou seja, é plausível a tese de que as características intrínsecas ao jornalismo talvez o impeçam de produzir material que efetivamente permita ao público compreender o mundo.

No entanto, não há muita alternativa viável. O público, em geral, não pode se informar apenas com teses e livros que levam anos para serem pesquisados e editados. A maioria das pessoas não tem o tempo e as condições intelectuais e materiais para ler esses livros. Os fatos ocorrem em ritmo muito mais rápido do que tais livros levam para ser produzidos. Assim, embora o jornalismo diário tenha vícios estruturais graves, ele é inevitável e o melhor que se pode fazer é tentar aprimorá-lo.

Muitas dessas dificuldades são inerentes ao jornalismo da forma como ele se organizou nos países ocidentais, de um modo geral, com a primazia do mais novo, do mais sensacional, do mais atraente, do mínimo denominador comum sobre a análise mais detalhada de conjunturas, da história, dos fatores diversos que influenciam ao longo do tempo os acontecimentos. Esse modelo, talvez, possa ser reformado, mas também dificilmente será substituído por inteiro por algum alternativo.

Outras são mais típicas do trabalho de correspondente. Por exemplo, em geral eles são poucos (muitas vezes solitários) para cobrir fatos que ocorrem em países muito vastos; a barreira da língua pode limitar muito e enviesar toda a sua coleta de dados; e o pouco tempo que em média passam em cada sociedade não é suficiente para que eles realmente a entendam.

Tais limitações se aguçam ou atenuam conforme as características de cada indivíduo que desempenha a função. É injusto e incorreto generalizar para toda a categoria profissional as virtudes ou os vícios que possam ser identificados em um só jornalista, por mais influente ou até representativo que ele possa ser ou ter sido.

Há um problema estrutural que é básico e atormenta a atividade como um todo: o modelo de negócios do jornalismo ocidental está em crise há pelo menos um quarto de século e ainda não se encontrou uma alternativa viável para substituí-lo. Em resumo, as margens de lucro das empresas diminuem, na média, constante e significativamente. A função de correspondente estrangeiro é uma das mais caras dessa indústria e o noticiário internacional é um dos que menos interessam aos consumidores e, em consequência, aos anunciantes.

As novas tecnologias de comunicação, além disso, possibilitam acesso muito mais fácil e rápido aos fatos ocorridos no exterior do que nunca. A pressão para que as notícias internacionais sejam colhidas de modo virtual em nome da contenção de despesas torna-se enorme. As redações são cada vez mais geridas por executivos que têm em mente uma prioridade básica: cortar custos para conter a queda dos lucros ou, em muitos casos, para impedir o aumento do prejuízo.

Assim, há cada vez menos correspondentes internacionais em atuação. Ou eles são simplesmente eliminados ou se procuram maneiras mais baratas de preencher a função: com profissionais não regulares, que trabalham em tempo parcial ou por tarefa, que já vivam nos países a serem cobertos, que aceitem remuneração muito abaixo da costumeira. É inevitável ocorrer perda de qualidade desse trabalho.

Duas questões básicas devem ser respondidas. A primeira é: o correspondente ainda é necessário? Há seguramente diversas possíveis respostas a essas duas perguntas. Nenhuma delas pode ser comprovada objetiva ou cientificamente. Elas derivam mais da convicção pessoal de quem responde do que de uma investigação metódica que resulte em uma certeza.

Muitos acham que não há futuro para o correspondente estrangeiro. Um dos maiores da tribo, C. L. Sulzberger, principal correspondente do *New York Times* nas décadas de 1940 e 1950, afirmou no final de sua longa vida (morreu com 81 anos, em 1993): "Quando jovens me perguntam o que devem fazer para ser um bom correspondente, eu lhes respondo que não sejam. É como se tornar ferreiro em 1919: ainda uma profissão honrosa e qualificada, mas o cavalo está condenado". E, em 1993, a situação ainda não era tão ruim quanto se mostra atualmente. Marvin Kalb, outro correspondente internacional importante, da equipe inicial de Edward Murrow na CBS, também é pessimista: "Embora ainda haja jornalistas baseados no exterior, o gênero conhecido como 'correspondente internacional' está se tornando extinto".

Minha convicção é de que o correspondente é necessário agora, tanto ou mais do que foi no passado. Exatamente porque o cidadão recebe uma quantidade brutal de informações, maior do que nunca na história, numa balbúrdia comunicacional, é essencial que ele possa ter fontes de credibilidade, em quem confie, que as organizem de maneira racional e de acordo com as suas necessidades. O correspondente é a principal dessas fontes. Ele conhece o público para o qual produz, é treinado para fazer isso, trabalha sob mecanismos de controle testados e eficazes, tem a sofisticação necessária para a tarefa. Só ele pode dar ao cidadão o conteúdo de que necessita para se localizar corretamente na fartura informativa contemporânea.

E o processo inescapável da globalização exige que o cidadão esteja bem informado sobre o que ocorre além das fronteiras de seu país. O mundo está atualmente diante de três problemas vitais: as mudanças climáticas, a segurança contra o terrorismo e a recessão econômica. Soluções para os três só são possíveis por meio de ação concertada do maior número possível de nações. O que cada país fizer ou deixar de fazer tem consequência grave e imediata sobre muitos outros. Mais do que nunca, saber o que ocorre no mundo é fundamental para todos, embora a maioria possa até não ter consciência plena disso e continuar não se interessando muito pelo noticiário internacional.

As empresas têm mais e mais negócios em outros países e precisam de informações confiáveis sobre eles. O número de multinacionais brasileiras que operam em toda a América Latina, nos EUA, no Canadá, na África, China e Europa não para de crescer. Seus executivos viajam para lá constantemente, mudam-se com suas famílias para o exterior com frequência crescente, estrangeiros visitam o Brasil e aqui se estabelecem. Todos precisam estar informados sobre o que se passa em cada um desses países.

Quanto à segunda pergunta: qual deve ser o caráter de sua produção para que o correspondente continue a ser valorizado e útil para a sociedade? É importante demarcar, antes de respondê-la, quem é o público-alvo do correspondente internacional. Como se viu no capítulo “A cultura da tribo”, é o “cidadão informado”, cosmopolita, que tem interesse por temas que vão além do mundano, do *fait divers*, que mais e mais ocupam a maioria do espaço editorial dos veículos jornalísticos.

Trata-se, portanto, de audiência não necessariamente massiva. Mas nem por isso menos importante, já que é ela em grande parte quem determina em primeiro lugar os rumos da sociedade. Não é apenas por uma questão de prestígio para si próprios que os veículos de comunicação devem satisfazer às necessidades dessa audiência, mas por um imperativo de serviço público, a que a atividade jornalística está inerentemente ligada.

O jornalismo não deve e não pode se alienar do interesse público. Por isso, mesmo que a maioria da audiência não ligue muito para os temas internacionais, eles precisam ser bem cobertos por bons correspondentes.

Para esse "cidadão informado", o conteúdo da cobertura internacional tem de ser mais sofisticado do que o do reducionismo do mínimo denominador comum que prevalece na maioria dos veículos de comunicação. Os fatos internacionais são complexos por natureza. Precisam ser abordados com um enfoque que lhes dê um tratamento histórico pelo menos de médio prazo para que possam ser minimamente compreendidos.

O veterano correspondente Mort Rosenblum, que trabalhou por décadas para a Associated Press, escreveu em seu livro *Who Stole the News*:

> Por causa da pressão dos eventos diários, os jornalistas são forçados a ignorar o que, de outro modo, seriam matérias significativas; o correspondente tende a perder a continuidade de suas reportagens porque tem de correr de um acontecimento dramático para outro.

Para ter relevância, o correspondente precisa oferecer ao seu público um material que ponha os fatos em perspectiva histórica e precisa continuar acompanhando esses fatos, mesmo quando eles deixam de ter aspectos sensacionais e imediatos.

Os veículos jornalísticos chamados "de prestígio" são os que têm de dar conta dessa tarefa. Não importa em que tipo de plataforma opere (impressa, eletrônica, virtual), o veículo de prestígio é quem tem condições de ir mais a fundo na elaboração dos fatos.

É para eles que o correspondente tem de enviar o seu trabalho mais bem elaborado. E o público que vai consumi-lo é composto por "cidadãos informados". Tanto faz se é jornal diário ou revista semanal em papel, ou um programa de rádio ou TV de boa qualidade, ou um blog dividido por pessoas em busca de conhecimento sofisticado dos fatos.

Se os correspondentes internacionais de veículos jornalísticos não forem capazes de oferecer esse produto aos cidadãos informados, estes irão procurá-lo em algum outro tipo de profissional. Thomas Friedman, correspondente do *New York Times*, em *O Lexus e a Oliveira*, sugere que esse espaço já estava sendo ocupado pelos administradores de *hedge funds*.

De fato, proliferam por aí "consultores" que atendem de maneira muitas vezes improvisada e amadorística a uma demanda reprimida do público que já não se contenta com o que o jornalismo lhes coloca à disposição, muitas vezes um informe do mundo que é multifacetado, superficial, sensacionalista.

As empresas multinacionais estão dando a alguns de seus funcionários o encargo de informar a toda a corporação sobre os acontecimentos em países onde estão sediados. Eles usam a intranet como seu meio de comunicação.

A Federal Express tem até programas em vídeo sobre as nações em que opera, que podem ser acessados pelos empregados na intranet. A Unysis faz um sumário noticioso internacional interno e diário para toda a corporação. Não é incomum que jornalistas sejam contratados para produzir esse material para as multinacionais. É o espaço deixado aberto pelos correspondentes que está sendo ocupado.

Outro tipo de fornecedores que vêm ocupando o vácuo deixado pelos correspondentes é o "intelectual público", os acadêmicos com facilidade de comunicação que passam a escrever para além das torres de marfim artigos e livros que poderiam estar sendo escritos por correspondentes. São autores como Simon Schama, Francis Fukuyama, Paul Kennedy, ou, no Brasil, Demétrio Magnolli, Fernando Abrucio, Sérgio Fausto.

Esses, com frequência, fazem um trabalho de boa qualidade, mas que é complementar ao do correspondente. O correspondente é quem está em contato direto com as fontes e os fatos, é quem provê o intelectual público de informações para sua análise. O intelectual público não substitui o correspondente.

Tampouco o chamado "jornalista-cidadão" tem condições de suprir a sociedade com material da mesma qualidade do correspondente. O jornalista dispõe de um cabedal de conhecimentos, técnicas, referências, que se avolumaram ao longo de décadas. A pessoa comum, o cidadão, é incapaz de exercer a atividade com a mesma competência se não tiver alguma formação profissional específica para tanto.

O jornalista-cidadão pode dar importantes contribuições ao jornalismo e à sociedade, e o tem feito. Mas depender apenas dele para coberturas é extremamente arriscado, como se viu na eleição iraniana de 2009, quando o aparato de censura estatal tolheu completamente a ação dos correspondentes.

Os veículos dos EUA e da Europa que se fiaram demais nos jornalistas-cidadãos se deram mal, tanto quanto as agências de notícias quatro décadas antes no Chile de Allende. Sua visão era esmagadoramente a das classes médias altas de Teerã, onde a maior parte das pessoas ama a música americana e se opõe ao governo dos aiatolás. Com isso, foram ignorados os setores mais pobres e os rurais, em que o apoio a Ahmadinejad era alto.

Além disso, depender demais do jornalista-cidadão expõe o veículo jornalístico a riscos enormes quanto à credibilidade das informações oriundas dele. É claro que mesmo jornalistas tarimbados podem inventar histórias falsas (como foi o caso de Jayson Blair, John Reed e Hunter Thompson, entre outros, como se viu aqui). Mas quando os filtros profissionais simplesmente inexistem, a possibilidade de erros aumenta muito. Para continuar no caso das eleições no Irã em 2009, as imagens da morte da jovem Neda Salehi Agha Soltan foram consideradas suspeitas por vários dias até sua autenticidade ser comprovada.

O correspondente é treinado por anos para observar fatos, conferir dados, relatar de maneira compreensível o resultado de suas apurações metódicas. Ele erra, como este livro demonstra, porque é humano; às vezes porque é iludido; outras porque é leviano. Mas suas chances de erro são menores do que as de quem não recebeu esse treinamento e não carrega essa cultura.

Ulf Hannerz, o antropólogo sueco extensivamente citado neste livro, faz uma síntese original e atraente sobre o que o correspondente internacional deveria fazer para ser relevante aos olhos do "cidadão informado": tratar do emergente em vez da emergência. Ou seja: mostrar ao público os assuntos que vão ser importantes em vez de apenas correr atrás do prejuízo cobrindo o que já aconteceu. O correspondente deveria ser "o observador privilegiado de coisas que demorem um pouco mais até serem notadas", argumenta ele.

Já Michael Schudson, um dos melhores acadêmicos especializados em jornalismo no mundo, define a "reportagem subjuntiva" como um dos gêneros a que os profissionais dessa atividade deveriam se dedicar a fim de reconquistar o prestígio perdido ou prestes a ser perdido. É uma das possibilidades de ação para o correspondente, mais ou menos como a que preconiza Hannerz: lidar com o futuro possível (em vez do passado conhecido, como faz atualmente).

Trabalhar com o subjuntivo comporta riscos. Mas provavelmente valha a pena. Num ambiente de informações em que o que acaba de ocorrer é sabido imediata e extensivamente no rádio, na TV e na internet, graças a veículos que se focam apenas sobre o minuto anterior e sobre os fatos que mais possam chamar a atenção do maior número possível de pessoas interessadas apenas no consumo hedonista e rápido, o trabalho mais analítico, prospectivo, que é o que caracteriza o correspondente internacional (até pelo seu custo), também tem o seu nicho. O problema é ver quem está disposto a assumir o risco.

Há a necessidade social desse tipo de trabalho, desde que seja de boa qualidade, especialmente no Brasil. O país, sem dúvida, terá papel cada vez mais importante nas relações internacionais. A importância relativa dos EUA é declinante neste início de século XXI. Os países emergentes, Brasil e Índia em particular, somam-se à Rússia e China, que por razões específicas (o arsenal nuclear no caso russo e o tamanho inigualável de território e população no caso chinês) já têm lugar assegurado entre os atores principais da geopolítica global, como interlocutores indispensáveis para as decisões mundiais dos anos que virão.

Com intensidade cada vez maior, a população brasileira vai sentir que precisa saber o que se passa na Europa, nos EUA, no Japão, na Rússia, na China, na África, na América do Sul. Correspondência internacional que seja confiável e disponível será elemento-chave para decisões de Estado, de negócios e particulares.

A questão é se os veículos de comunicação e seus profissionais serão capazes de dar conta dessa tarefa. Os anos de glória e charme podem ter ido embora e nunca mais voltar. Mas a importância dos correspondentes internacionais se mantém.

Bibliografia comentada

ALLEN, Nick. *Embedded*: with the World's Army in Afghanistan – *The History Press*. Gloucestershire: The History Press, 2010 – Boa avaliação do comportamento profissional dos jornalistas que participaram do programa de internamento com as tropas americanas e britânicas na Guerra do Afeganistão, feita por um deles.

ANDERSON, Benedict. *Imagined Communities:* reflections on the Origin and Spread of Nationalism. London: Verso, 1983 – Livro que lança o conceito de que nações são comunidades construídas mentalmente pelas pessoas que julgam pertencer a elas.

ARNETT, Peter. *Live from the Battlefield:* from Vietnam to Bagdah, 35 Years in the World's War Zones. Nova York: Touchstone, 1995 – Memórias profissionais de um dos mais importantes correspondentes de guerra da segunda metade do século XX.

BARBOSA, Rui. *O processo do capitão Dreyfus*: cartas da Inglaterra. Apresentação de Alberto Dines. Escorço histórico-crítico de José Alexandre (CF) Tavares Guerreiro. São Paulo: Giordano, 1994 – Artigo de Rui Barbosa para o *Jornal do Comércio*, que constitui um precedente da correspondência internacional na imprensa brasileira.

BEHR, Edward. *Anyone here been raped and speaks English?* Los Angeles: New English Library Ltd., 1985 – Autobiografia do correspondente das revistas *Time* e *Newsweek* que se celebrizou especialmente pela cobertura da Guerra da Argélia.

BRITTAIN, Victoria. The Foreign Correspondent. *New Statesman* (13 de maio de 2002) – Artigo instigante e cândido da correspondente e editora de Exterior do jornal *The Guardian* na virada do século XX para o XXI.

Blinder, Caio. *Manhattan e outras conexões*. Prefácio de Roberto DaMatta. Rio de Janeiro: Campus, 1998 – Coleção de textos de um dos mais experientes e cultos correspondentes internacionais brasileiros contemporâneos.

Bourdieu, Pierre. *Sobre a televisão*: seguido de a influência do jornalismo e os jogos olímpicos. Trad. Maria Lúcia Machado. Rio de Janeiro: Jorge Zahar, 1999 – Um dos muitos trabalhos provocativos do sociólogo francês sobre o trabalho do jornalista.

Braestrup, Peter. *Big Story*: how the American Press and Television Reported and Interpreted the Crisis of Tet 1968 in Vietnam and Washington. Garden City, NY: Anchor Books, 1978 – Extraordinário e completo exame da cobertura do evento da Guerra do Vietnã que marcou a virada de comportamento dos jornalistas em relação a ela.

Churchill, Winston. *Minha mocidade*. Trad. prefácio Carlos Lacerda. Rio de Janeiro: Nova Fronteira, 1967 – Relato autobiográfico do começo da vida do premiê britânico, que inclui suas memórias do trabalho como correspondente do *Daily Telegraph* e do *Morning Post* na África.

Coelho, Anna Carolina de Abreu. *Santa-Anna Nery*: um propagandista "voluntário" da Amazônia (1883-1901). Belém, 2007. Dissertação (Mestrado em História) – Universidade Federal do Pará – Interessante estudo sobre o importante intelectual da Amazônia, que circulou pelo jornalismo e foi um dos precursores da correspondência internacional brasileira.

Costa, Caio Túlio. *Ombudsman*: o relógio de Pascal. São Paulo: Geração Editorial, 2006 – Descrição do mandato pioneiro no Brasil de *ombudsman* de um dos melhores jornalistas brasileiros (que também foi correspondente internacional).

Dadge, David. *Casualty of War*: the Bush Administration's Assault on a Free Press. Amherst, NY: Prometheus, 2004 – Análise das tensas relações entre o governo de George W. Bush e a imprensa, que inclui a manipulação de informação sobre a Guerra do Iraque.

Dávila, Sérgio; Varella, Juca. *Diário de Bagdá*: a Guerra do Iraque segundo os bombardeados. Prefácio de José Hamilton Ribeiro. São Paulo: DBA, 2003 – Relato dos correspondentes da *Folha de S.Paulo*, que estavam em Bagdá quando a Guerra do Iraque começou.

Edwards, Julia. *Women of the World*: the Great Foreign Correspondents. Boston: Houghton Mifflin Harcourt, 1988 – Relato das dificuldades que as primeiras mulheres correspondentes tiveram de enfrentar por serem mulheres, feito por uma delas.

Fialka, John J. *Hotel Warriors*: covering the Gulf War. Prefácio de Peter Baestrup. Washington: The Woodrow Wilson Center Press, 2002 – Análise das estritas restrições ao trabalho jornalístico imposto pelo governo de George H. Bush durante a Guerra do Golfo.

Filofolha. Júnior aparece na primavera de 86. *Filofolha*, julho de 1989, item 11 – Depoimentos de diversos jornalistas que participaram do programa de bolsistas correspondentes da *Folha de S.Paulo* em seus primeiros anos.

Furst, Allen. *The Foreign Correspondent*. New York: Random House, 2006 – Romance em que o principal personagem é um correspondente da agência Reuters na década de 1930 na Europa e também um espião.

GANNET FOUNDATION. Covering China. *Media Studies Journal*, inverno de 1999 – Edição monotemática da revista, com textos de diversos correspondentes sobre seu trabalho quando sediados na China.

GANNET FOUNDATION. GlobalkViews on U.S. Media. *Media Studies Journal*, outono de 1995 – Edição monotemática da revista, com textos de diversos autores sobre a cobertura internacional da imprensa americana.

GANNET FOUNDATION. *The Media at War*: The Press and the Persian Gulf Conflict. New York: Gannet Foundation, 1999 – Textos e transcrição de debates sobre o desempenho da imprensa americana na cobertura da Guerra do Golfo.

GARAMBONE, Sidney. *A Primeira Guerra Mundial e a imprensa brasileira*. Apresentação de Ana Paula Padrão. Prefácio de Francisco Carlos Teixeira Da Silva. Rio de Janeiro: Mauad, 2003 – Importante estudo sobre como o jornalismo brasileiro acompanhou a Grande Guerra.

GELLHORN, Martha. *A face da guerra*. Trad. Paulo Andrade Lemos e Anna Luisa Araujo. Rio de Janeiro: Objetiva, 2009 – Coleção de reportagens de uma das melhores correspondentes de guerra da história, inclusive algumas sobre o Vietnã que foram sistematicamente recusadas pelos veículos de seu próprio país.

GEYER, Georgie Anne. *Buying the Night Flight*: the Autobiography of a Woman Correspondent. Washington: Brassey's, 1996 – Com bom humor, ressalta típicos dilemas entre a profissão e o papel feminino tradicional das primeiras mulheres correspondentes de guerra.

GILBOA, Eytan. Media Diplocay: Conceptual Divergence and Applications. *The Harvard International Journal of Press/Politics*, verão de 1998 – Artigo que trata com competência e rigor aspectos fundamentais da relação entre jornalismo e diplomacia.

GOUREVICH, Philip; MORRIS, Errol. *Procedimento operacional padrão*. Trad. Carlos Eduardo Lins da Silva. São Paulo: Companhia das Letras, 2008 – Dramático relato do comportamento sádico de soldados americanos na prisão iraquiana de Abu Ghraib e como ele se tornou público.

GOYZUETA, Verónica; OGIER, Thyerry (orgs.). *Guerra e imprensa*: um olhar crítico da cobertura da Guerra do Iraque. Prefácio de Heródoto Barbeiro. São Paulo: Summus, 2003 – Correspondentes de vários países escrevem sobre sua própria experiência e de seus colegas durante a Guerra do Iraque.

GUERRINI JR., Irineu. Brazilian Section: As transmissões em português da BBC durante a Segunda Guerra Mundial. In: GOLIN, Cida; ABREU, João Batista de (orgs.). *Batalha sonora*: o rádio e a Segunda Guerra Mundial, Porto Alegre: Edipucrs, 2006 – Bem documentado relato da ação da seção brasileira da BBC durante a Segunda Guerra.

HAMILTON, John Maxwell. *Journalism's Roving Eye: a History of American Foreign Reporting*. Baton Rouge: Louisiana State University Press, 2009 – Possivelmente o melhor livro sobre a correspondência internacional nos EUA; crítico e preciso, faz uma excelente avaliação do trabalho dos correspondentes americanos desde o seu início até os dias atuais.

HAMILTON, John Maxwell; KRIMSKY, George. 'Juju' News from Abroad. *Gannet Center Journal*, outono de 1989, edição monotemática "International News and Foreign Policy" – Importante artigo sobre como os fatos em países distantes afetam a vida das pessoas nos EUA e como o bom trabalho dos correspondentes internacionais pode ajudá-las.

HANNERZ, Ulf. *Foreign News*: exploring the World of Foreign Correspondents. Chicago: The University of Chicago Press, 2004 – Um dos livros básicos para o desenvolvimento deste livro: estudo antropológico da função de correspondente internacional a partir de entrevistas com mais de cem deles, de diversos países.

HEMINGWAY, Ernest. *Repórter*: tempo de morrer. Trad. Álvaro Cabral. Rio de Janeiro: Civilização Brasileira, 1969 – Coletânea de reportagens do grande escritor e jornalista durante a Guerra Civil Espanhola e a Segunda Guerra Mundial.

HENN, Leonardo Guedes. Os Correspondentes de Guerra e a Cobertura Jornalística da Força Expedicionária Brasileira. *História Unisinos*, maio/agosto de 2006) – Bom artigo sobre a atuação dos jornalistas brasileiros que cobriram as ações da FEB na Itália.

HESS, Stephen. *International News & Foreign Correspondents*. Washington: The Brookings Institution, 1996 – Inédito e ainda único estudo demográfico dos correspondentes internacionais americanos.

HESS, Stephen. *Through Their Eyes*: foreign Correspondents in the United States. Washington: Brookings Institution Press, 2005 – Relato de entrevistas com mais de cem correspondentes de outros países que atuavam nos EUA na virada do século XX. para o XXI.

HESS, Stephen. Who Is the Best Foreign Correspondent You Have Known? *Media Studies Journal*, outono de 1993, edição monotemática "Global News after the Cold War" – Resultado de enquete realizada com 580 correspondentes internacionais para escolher o melhor entre eles e explicar quais as qualidades do escolhido que justificavam a preferência.

HOHENBERG, John. *Foreign Correspondence*: the Great Reporters and Their Times. Syracuse, Nova York: Syracuse University Press, 1995 – Bem documentada, mas pouco crítica História da correspondência internacional americana.

KNIGHTLEY, Philip. *A primeira vítima*: o correspondente de guerra como herói, propagandista e fabricante de mitos, da Crimeia ao Vietnã. Trad. Sonia Coutinho. Rio de Janeiro: Nova Fronteira, 1978 – Tradução da primeira edição do melhor livro sobre correspondência de guerra jamais publicado.

KNIGHTLEY, Phillip. *The First Casualty*: from the Crimea to Vietnam, The War Correspondent as Hero, Propagandist and Myth-Maker. Nova York: Harcourt Brace Jovanovich, 1975.

KNIGHTLEY, Phillip. *The First Casualty*: from the Crimea to Kosovo, The War Correspondent as Hero, Propagandist and Myth-Maker. Introdução de John Pilger. Londres: Prion Books, 2000 – edição atualizada do livro clássico de Knightley.

KRAUS, Clifford. Vietnam Generation Goes Centrist. *Gannet Center Journal*, outono de 1989, edição monotemática "International News and Foreign Policy" – Bom artigo sobre o envolvimento ideológico de correspondentes de guerra.

Kuhn, Adriana. "A história dos correspondentes brasileiros de guerra e sua relação com o poder estatal e militar". Monografia. Disponível em: <http://www.almanaquedacomunicacao.com.br/artigos/1112.html>. Acesso em: 15 out. 2010.

Leal Filho, Laurindo Lalo. *Vozes de Londres*: memórias brasileiras da BBC. São Paulo: Edusp, 2008 – Ótimo relato da história da seção brasileira da BBC.

Lehman, Daniel W. *John Reed and the Writing of the Revolution*. Athens: Ohio University Press, 2002 – Excelente trabalho acadêmico que confronta os escritos publicados de John Reed com suas anotações de trabalho e analisa a técnica e o estilo de um dos correspondentes internacionais mais importantes da história.

Lewis, John (ed.). *O grande livro do jornalismo*. Trad. Marcos Santarrita. Rio de Janeiro: José Olympio, 2008 – Coletânea de algumas das melhores reportagens da história do jornalismo, inclusive várias de grandes correspondentes internacionais.

Lins da Silva, Carlos Eduardo. *O adiantado da hora*: a influência americana sobre o jornalismo brasileiro. São Paulo: Summus, 1991 – Um estudo feito a partir do conhecimento das mídias americana e brasileira, em parte construído sobre o trabalho do autor como correspondente.

Lukacs, Georg. *Estética*. Barcelona: Grijalbo, 1974 – Reflexões indispensáveis para pensar criticamente o jornalismo.

Mesquita, Júlio. *A Guerra (1914-1918)*. São Paulo, *O Estado de S. Paulo*/Terceiro Nome, 2002 – Compilação completa dos artigos semanais de análises sobre a Grande Guerra feitas pelo autor para *O Estado de S. Paulo*.

Moeller, Susan. *Compassion Fatigue*. New York: Routledge, 1999 – Importante trabalho especulativo sobre o efeito da excessiva exposição de imagens e relatos sobre tragédias a respeito da audiência dos meios de comunicação de massa.

Natali, João Batista. *Jornalismo internacional*. São Paulo: Contexto, 2007 – Um dos melhores correspondentes internacionais brasileiros relata e comenta a sua especialidade.

Nussbaum, Martha. Patriotism and Cosmopolitanism. In: Cohen, Joshua (ed.). *For Love of Country*, Boston: Beacon Press, 1996 – Importante estudo sobre a possível superação do conceito de patriotismo pelo de cosmopolitismo na era da globalização.

Owen, John. Courage Isn't Enough. *Media Studies Journal*, primavera/verão de 2000 – Artigo em que o autor faz uma corajosa autocrítica sobre situações em que sua excessiva coragem colocou em risco sua própria segurança e a de colegas sem ganho jornalístico relevante.

Rachlin, Samuel. Rethinking Foreign Correspondents' American Dream. *Nieman Studies*. outono de 2006 – Resenha de livro de Stephen Hess reflete sobre a experiência de ser correspondente internacional em Washington na virada do século XX para o XXI.

Rachman, Tom. *The Imperfectionists*. Nova York: Random House, 2010 – Romance em que alguns dos principais personagens são correspondentes internacionais e que explora aspectos da personalidade desses profissionais.

Reali Jr. *Às margens do Sena*. Prefácio de Mino Carta. Rio de Janeiro: Ediouro, 2007 – Depoimento a Gianni Carta. Memórias de um dos mais famosos e influentes correspondentes internacionais brasileiros.

Reed, John. *Dez dias que abalaram o mundo*. Trad. Armando Gimenez. Porto Alegre: L&PM, 2009 – O mais importante relato jornalístico sobre a Revolução Russa.

Reed, John. *Eu vi um novo mundo nascer*. Trad. e notas: Luiz Bernardo Pericás. São Paulo: Boitempo, 2001 – Antologia de textos de Reed, inclusive sua breve e importante autobiografia *Quase 30*.

Reed, John. *México insurgente*. Trad. Luiz Bernardo Pericás e Mary Amazonas Leite de Barros. São Paulo: Boitempo, 2010 – Livro com as reportagens de Reed no seu momento mais famoso como correspondente de guerra.

Ribeiro, José Hamilton. *O gosto da guerra*. Rio de Janeiro: Objetiva, 2005 – Relato dramático da experiência como correspondente de guerra no Vietnã de um dos mais importantes repórteres brasileiros do século xx.

Richa, Jan; Milz, Thomas; Goyzueta, Verónica (orgs.). *O Brasil dos correspondentes*. São Paulo: Mérito, 2008 – Diversos relatos de correspondentes internacionais no Brasil sobre sua visão do país.

Rohter, Larry. *Deu no New York Times*. Rio de Janeiro: Objetiva, 2008 – Textos do correspondente do *Times* no Brasil, que quase foi expulso do país por causa de uma reportagem sobre os hábitos etílicos do então presidente da República.

Rossi, Clóvis. *Enviado especial:* 25 anos ao redor do mundo. Prefácio de Janio de Freitas. São Paulo: Editora Senac, 1999 – Coletânea de reportagens de um dos mais influentes jornalistas brasileiros no século xx, que também foi correspondente internacional.

Sant'Anna, Lourival. *Viagem ao mundo dos taleban*. Prefácio de Ruy Mesquita. São Paulo: Geração Editorial, 2002 – Relato de um correspondente de guerra na guerra contra o terrorismo, a primeira importante do século xxi.

Schutz, Alfred. *Collected Papers*. Hague: Martinus Nijhoff, 1964 –Texto fundamental para a teoria da Sociologia da distribuição do conhecimento.

Serva, Leão. *Jornalismo e desinformação*. Prefácio de Fernando Morais. São Paulo: Editora Senac, 2001. Ótimo trabalho sobre as limitações estruturais para a boa qualidade do jornalismo em seu modelo ocidental, a partir da experiência do autor como correspondente de guerra.

Schirer, William L. *The Nightmare Years*. Boston: Little Brown and Company, 1984 – Relato das experiências do autor como correspondente na Alemanha nos anos formadores do nazismo e no início da Segunda Guerra Mundial.

Schirer, William L. *Ascensão e Queda do Terceiro Reich*. Trad. Pedro Pomar. Rio de Janeiro: Civilização Brasileira, 1963 – Impressionante trabalho de pesquisa que sintetiza de forma brilhante a história do regime nazista.

Schirer, William L. *Berlin Diary*: The Journal of a Foreign Correspondent. Bronx, Nova York: Ishi Press, 2010 – As anotações pessoais do autor em seu período como correspondente internacional em Berlim.

Silveira, Joel. *O inverno da guerra*. Rio de Janeiro: Objetiva, 2005 – Coletânea de reportagens feitas pelo autor como correspondente de guerra na Itália para os Diários Associados.

SILVEIRA, Joel. *Segunda Guerra Mundial*: todos erraram, inclusive a FEB. Rio de Janeiro: Espaço e Tempo, 1989 – Avaliação, 50 anos depois, do evento que o autor cobriu como jovem repórter e de seu próprio trabalho de então.

SNYDER TIMOTHY. *Bloodlands*: Europe Between Hitler and Stalin. Nova York: Basic Books, 2010 – Excelente trabalho de História comparativa sobre os impérios soviético e nazista e seus efeitos devastadores sobre a população civil de parte da Europa.

SODRÉ, Nelson Werneck. *História da imprensa no Brasil*. São Paulo: Graal, 1977 – Apesar das fragilidades e de sua desatualização, ainda é a única tentativa de fôlego de historiar o jornalismo brasileiro.

SOUZA, Patrícia de Castro. *João do Rio*: o repórter com alma de flâneur conduz a crônica-reportagem na *belle époque* tropical. 2009. Dissertação (Mestrado) – Universidade Federal de Santa Maria.

Utzeri, Fritz. Do Outro Lado do Mundo. In: RITO, Lúcia; ARAÚJO, Mara Elisa de; MENDES, Cândido J. (orgs.). *Imprensa ao vivo*. Rio de Janeiro: Rocco, 1989 – Descontraído e atraente relato das condições de vida do correspondente internacional brasileiro na segunda metade do século XX.

WAUGH, Evelyn. *Furo*! – Uma história de jornalistas. Trad. Roberto Perosa. São Paulo: Companhia das Letras, 1989 – O romance definitivo sobre a correspondência internacional, indispensável para qualquer pessoa que se aventure nessa atividade.

WILLIAMS, Raymond. *Palavras-chave*. Trad. Sandra Guardini Vasconcelos. Prefácio de Maria Elisa Cevasco. São Paulo: Boitempo, 2007 – Obra de referência fundamental para quem lida com as Ciências Humanas e Sociais.

Filmografia comentada

Arise, My Love (1940) – De Mitchell Leisen, com Ray Milland e Claudette Colbert – Uma correspondente corajosa e intrépida pratica atos de heroísmo na Guerra Civil Espanhola e sacrifica o amor pela carreira.

A princesa e o plebeu (1953) – De William Wyler, com Gregory Peck e Audrey Hepbrun – Um correspondente americano em Roma acha, sem saber de quem se trata, uma princesa desacordada e a salva. Típica mostra da vida do correspondente como glamorosa e excitante.

Correspondente internacional (1940) – De Alfred Hitchcock, com Joel McCrea, George Sanders e Laraine Day – Clássico do gênero, que retrata o correspondente como patriótico e audacioso, decisivo em situações-limite.

O americano tranquilo (2002) – De Phillip Noyce, com Michael Caine e Brendan Frazer – Baseado no romance de Graham Greene, mostra um correspondente já veterano no Vietnã durante a guerra de liberação do país da França e um agente de inteligência dos EUA que tenta usá-lo.

O ano em que vivemos em perigo (1982) – De Peter Weir, com Mel Gibson, Sigourney Weaver e Linda Hunt – Correspondente na Indonésia conflagrada pela revolução de Sukarno se apaixona por uma diplomata e a utiliza para obter informações.

O preço da coragem (2007) – De Michael Winterbottom, com Dan Futterman e Angelina Jolie – Baseado na história verídica de Daniel Peal, correspondente do *Wall Street Journal* no Paquistão, sequestrado e morto por muçulmanos fundamentalistas, permite boa discussão sobre o papel do jornalista estrangeiro em países conturbados do Terceiro Mundo.

O segredo de Berlim (2002) – De Steven Soderbergh, com George Clooney e Cate Blanchett – Filme no estilo *film noir* que tenta recriar (com sucesso) histórias como as do período áureo da correspondência internacional, em que o jornalista é sempre um idealista e luta pela justiça.

Os gritos do silêncio (1984) – De Roland Joffé, com Sam Waterston, Haing Ngor, John Malkovich e Julian Sands – Baseado na história verdadeira do correspondente Sidney Schanberg, do *New York Times*, e seu funcionário cambojano Dith Pran, durante a tomada do poder pelo Khmer Vermelho. O filme traz à tona importantes dilemas éticos e profissionais.

Reds (1981) – De Warren Beatty, com Warren Beatty, Diane Keaton, Jack Nicholson, Paul Sorvino e Maureen Stapleton – Biografia ficcional de John Reed, com ênfase no período em que cobriu a Revolução Russa, é um bom entretenimento e traz importantes depoimentos de amigos e conhecidos do correspondente que levantam temas fundamentais sobre a profissão.

Salvador, o martírio de um povo (1986) – De Oliver Stone, com James Wood, James Belushi, Michael Murphy e John Savage – Retrata o jornalista cheio de vícios de caráter, mas idealista; dá chance a reflexões sobre até quanto o correspondente pode se engajar em um dos lados em confronto nos assuntos que está cobrindo.

Sangue sob o sol (1945) – De Frank Lloyd, com James Cagney e Sylvia Sidney – Correspondente patriota e valente resiste ao Japão expansionista e paga o preço necessário para manter sua coerência.

The Nightmare Years (1990) – De Anthony Page, com Sam Waterston e Marthe Keller – Baseado nos diários de William L. Schirer, o filme mostra, com alguns exageros ficcionais, o trabalho do correspondente no nascedouro do nazismo e no início da Segunda Guerra Mundial; um dos autores do roteiro é Bob Woodward, do caso Watergate.

Three Kings (1999) – De David O. Russell, com George Clooney, Nora Dunn e Liz Stauber – No final da Guerra do Golfo, uma história policial em que algumas jornalistas de TV são caracterizadas de maneira estereotipada, como mulheres apenas bonitas e sem tino profissional.

Welcome to Sarajevo (1997) – De Michael Winterbottom, com Stephen Dillane, Woody Harrelson e Marisa Tomei – Apresenta situações verossímeis em que jornalistas mais ou menos idealistas e competentes lutam por suas pautas e ideias.

O autor

Carlos Eduardo Lins da Silva, é diretor do Espaço Educacional Educare, editor da *Revista Política Externa* e colaborador da *Folha de S.Paulo*. Possui livre-docência e doutorado em Ciências da Comunicação pela Universidade de São Paulo, e mestrado em Comunicação pela Universidade Estadual de Michigan (título obtido com uma bolsa de estudos da Comissão Fulbright).

Na vida universitária, é presidente do Conselho Acadêmico do Instituto de Estudos Econômicos e Internacionais da Unesp e membro titular do Grupo de Análise de Conjuntura Internacional da USP.

Fez estudos em nível de pós-doutoramento no Woodrow Wilson International Center for Scholars em Washington e foi professor das Universidades de São Paulo, Católica de Santos e Metodista de São Paulo. Foi também professor-visitante na Universidade Federal do Rio Grande do Norte e, nos Estados Unidos, nas Universidades do Texas, Michigan e Georgetown.

No jornalismo, foi diretor-adjunto de Redação, secretário de Redação e *ombudsman* da *Folha de S.Paulo*, diretor-adjunto de Redação do jornal *Valor Econômico* e apresentador do programa "Roda Viva" (TV Cultura de São Paulo).

Atuou como correspondente nos EUA em três períodos: de 1975 a 1976, para os *Diários Associados*, e de 1987 a 1988 e 1991 a 1999, para a *Folha de S.Paulo*. Cobriu dezenas de eventos em diversos países.

Autor de diversos livros e artigos publicados no Brasil e nos EUA. Entre os livros: *Uma Nação com Alma de Igreja*, *Marketing Eleitoral*, *O Adiantado da Hora*, *Mil Dias* e *Muito Além do Jardim Botânico*.

HISTÓRIA DA TELEVISÃO NO BRASIL

Ana Paula Goulart Ribeiro, Igor Sacramento e *Marco Roxo*

Em 18 de setembro de 1950 o Brasil viu, pela primeira vez, a televisão em funcionamento. A transmissão sofreu problemas, os aparelhos eram escassos e a programação uma incógnita. Hoje, não importa onde seja o lar, uma modesta casa de quarto e sala ou um sofisticado apartamento: lá reinará um aparelho de televisão. Com tela de alta definição, acesso aos canais pagos ou simplesmente um antigo modelo movido a óleo, a televisão é onipresente na nossa sociedade. Mas nem sempre foi assim. E este livro conta em detalhes a trajetória desse meio de comunicação, analisando sua importância na estruturação da política, da economia e da cultura brasileiras, além do seu impacto no público. Década a década, os autores narram as transformações do meio - e da sociedade. Dos programas de auditório aos humorísticos, das novelas às minisséries, dos jornais aos programas interativos, o livro é um passeio indispensável para estudantes, professores na área de comunicação e todos aqueles que querem conhecer a televisão brasileira.

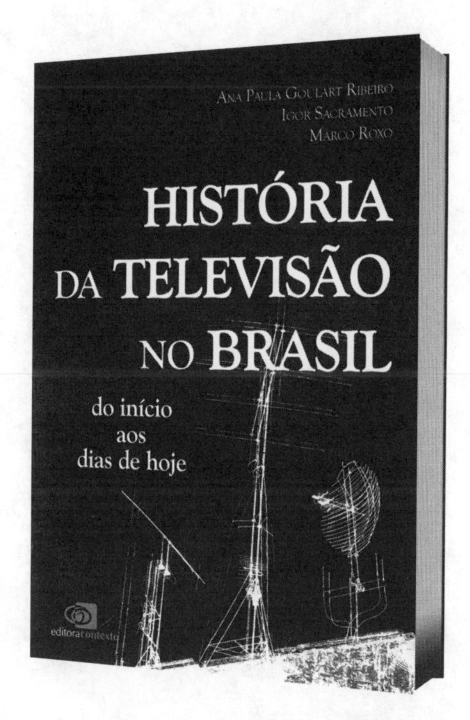

HISTÓRIA DA IMPRENSA NO BRASIL

Ana Luiza Martins e *Tania Regina de Luca (orgs.)*

Qual a relação do cidadão com a imprensa? Qual seu papel ao longo da história? Este livro mostra como a imprensa começou no Brasil em 1808 e como vem atuando duplamente: tanto como observadora quanto como protagonista da nossa história. Os primeiros impressos, a relação com os poderosos, a tecnologia alterando a forma de comunicação; as grandes empresas, a imprensa alternativa, o passado e o futuro da imprensa. Tudo isso é retratado de forma analítica em capítulos contextualizados e recheados de informações. Ao reunir um time de especialistas renomados de diversas áreas, *História da imprensa no Brasil* impõe-se como obra de referência indispensável nas estantes dos que estudam, dos que respeitam, dos que amam e até dos que temem a imprensa.

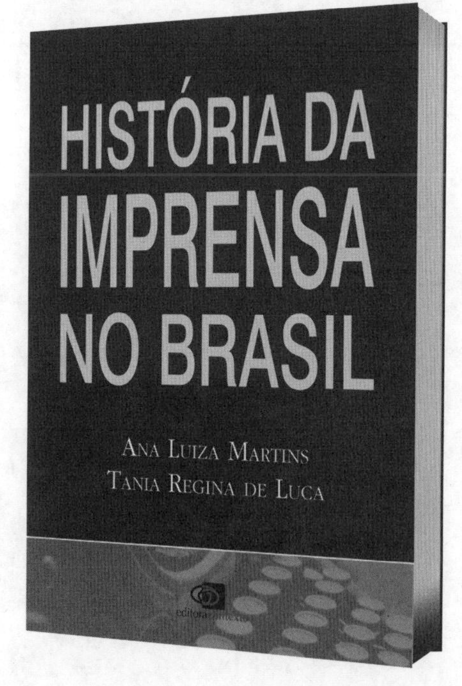

GRÁFICA PAYM
Tel. (011) 4392-3344
paym@terra.com.br